笑って死ねる人・生・論

〝白スーツ〟国際弁護士の本気語り

中山達樹

もくじ

コラム

プロローグ

なぜ〝白スーツ〟国際弁護士なのか

白スーツに身を包む理由

白スーツを着ている国際弁護士の中山達樹です。自己紹介を兼ねて、なぜ私が「白スーツ国際弁護士」なのかをご説明します。

私は、ほとんどいつも白いスーツを着ています。ズボンも靴も白です。この真っ白ないでたちの私に対し、「怪しい」という印象を抱く人も多いでしょう。ヤクザ？　チンピラ？　清原か？　などと言われることがあります。

なぜ私が白スーツを着るのでしょうか。

白が好きだからとか、オシャレのためとか、目立ちたいから、ではありません。

白スーツは「闘いの象徴」なのです。

何との闘いか？　それは、日本を覆う同調圧力との闘いです。

海外のように、ダイバーシティがあると、同調圧力が弱くなり、そうなれば、リーダーシップやコミュニケーションも発揮しやすいです。

一方、日本は、ダイバーシティが未発達で、同調圧力が強く、そのためリーダーシップやコミュニケーションが活性化していません。

ですから、私は、日本のリーダーシップやコミュニケーションを活性化させるために、日本のダイバーシティ向上に貢献したい。ダイバーシティが向上すれば、同調圧力も低くなり、リーダーシップやコミュニケーションが活発になる。そんな仮説を立てています。

その仮説を、まずは自分の装いで実験しています。つまり、白スーツを着て、ほんのわずかでも日本のダイバーシティ向上に貢献し、日本の同調圧力を少しでも低くし、ほんの少しでも、リーダーシップが発揮できる社会に近づけたい。

この仮説を、生涯を賭けて、身体を張って、実験しているのです。人生を賭けて、批判覚悟で、闘うことにしたのです。40歳のころからです。

人に対して「日本を活性化しよう」と偉そうにしゃべっておきながら、口だけで、自分では何もせず、リスクを取らない人間にはなりたくありません。自分でリスクを取りたい。

説得力は、リスクを取る覚悟から生まれます。みなさんの周りでも、説得力がある人は、何らかのリスクを取っている人ではないでしょうか。説得力を持ちたければ、自らリスクを取りましょう。

私が尊敬する内村鑑三も言いました。「批判する者になるなかれ、批判される者になれ」と。

国際弁護士を志した三つの理由

私は現在、溜池山王にある中山国際法律事務所の代表として、東南アジアを中心とした海外での日系企業のM&Aや契約交渉のサポート、グローバル・ガバナンス・コンプライアンスを踏まえての企業法務、企業に「インテグリティ」を導入する支援、世界で活躍するプロスポーツ選手の代理人などの仕事を請け負っています。私のように海外法務を取り扱う弁護士を、国際弁護士とか渉外弁護士といいます。

私が国際弁護士を志すまでには、三つのターニングポイントがありました。

一つ目は、父が与えてくれた気づきです。地理の教師だった父が、私が中学生の頃、世界の日本人の信頼性を教えてくれました。

「おい達樹、知ってるか、ブラジルの人口は1億人で、日系人はその1％程度の100万人だ。数は少ないけど、とても尊敬されている。たとえば、家を借りるときも、なかなか他の国の人には貸さないんだけど、日本人だと guaranteed（ポルトガル語で garantido）と言われて、信頼できるから貸してくれる」と。

これを聞いて、私は「日本人ってすごい。僕も将来は信頼される日本人として、海外で活躍したい」と思いました。

二つ目は、中学2年の夏休みに出会ったキング牧師の演説です。進学校だったので、過去形を教わるか教わらないかの中2に、英語の先生が、「マーティン・ルーサー・キング牧師の、あの I have a dream の演説を全部読んでこい」という宿題を出しました。

辞書を引き引き格闘しましたが、当時の私の英語力では、全文をしっかり理解できたとは言えませんでした。でも、この演説のパワフルさに圧倒され、「英語ってすごい！なんだかパワフルだな」と思って、それで英語が好きになりました。今でも、この演説の一節を暗唱することができます。

I have a dream that my four little children will one day live in a nation where they will not be judged by the color of their skin but by the content of their character.

キング牧師の４人の子供が、肌の色ではなく人格で判断する日が来るのが夢だ、という一節です。内容もいいですよね。

そんなわけで、中学生の頃には、「将来は海外で活躍したい」という漠然とした将来像を描きました。私が10歳の１９８４年から、「太平洋の架け橋」と言われた新渡戸稲造が五千円札に載っていましたから、「私も将来は新渡戸稲造みたいに」と思っていました。お札が人格とキャリアに影響を与えることがあるんですね。

国際弁護士を志した三つ目の理由は、とてもミーハーです（笑）。高校2年生のとき、世界的に有名なロックバンド Guns n' Roses（ガンズ・アンド・ローゼズ）の代理人として世界を飛び回る国際弁護士とお話をさせていただく機会がありました。「あのガンズの代理人かぁ、すごいな、かっこいいな」と憧れたわけです。

実は、告白しますと、その法律事務所の受付のお姉さんがとっても別嬪《べっぴん》だったので、「国際弁護士になったら、将来こんな綺麗なお姉さんと一緒にお仕事できるのか」と、田舎の高校生だった私が、鼻の下を伸ばしたんです。そんな不純な動機が私のキャリアを決定づけたのでした。これが隠れた四つ目の理由で、最大の理由かもしれません（笑）。

今は、そんな中学生時代からの夢（不純な動機？）を叶えて、国際弁護士として日々の業務にあたっています。いつも胸には「信頼される弁護士たれ」「日本人の代表として誇りある仕事を」「世界の架け橋たれ」という志を抱いています。

中山国際法律事務所の三理念

私が10年前から経営する中山国際法律事務所の理念は、大きく三つです。

一つ目は、ミッション（Mission）。

明日の食料に困る人が大多数を占める今日の世界で、現代の日本で生活できるのはとても幸運なことです。恵まれているからこそ、身の周りのことだけでなく、世の中全体をより良くするという「使命」があるはずですし、私の事務所でも、日々の業務を通して、その使命を果たしたいと思っています。

カッコつけて言えば、ノブレス・オブリージュ（高貴なる者の義務）です。恵まれた日本に生まれた日本人は、みんなノブレス・オブリージュを感じてほしいと思います。

二つ目はパッション（Passion）です。

かつて、イタリア人のクライアントに日本の刑事事件の手続を説明しました。私としては、だれでもできる仕事を普通にこなしただけなのですが、そのクライアントから〝Thank you for your passion〟（情熱をありがとう）とお礼を言われて、びっくりしました。情熱がサービスになるんだ、と驚いたのです。私はこのクライアントの言葉が忘れられません。

実際、仕事のスピードは、情熱から生まれます。仕事が遅いのは、要するに情熱が足りないのです。サッカーの本田圭佑も「情熱は足りているか？」と常に自問自答していました。

また、情熱が智恵を生みます。本当にクライアントの立場に立って、本当にクライアントの気持ちに寄り添ってこそ、智恵やアイディアが生まれることがあります。情熱がピンチを切り抜く知恵を生み出すのです。

「先生、難しいのは十分に分かっています。でも、悔しいんです。このままでは理不尽でしょう。他に頼れる人がいないんです。なんとかならないんでしょうか？」

そう懇願するクライアントに対し、弁護士は何ができるのでしょうか。まずはクライアントと一緒に憤り、悲しみ、涙を流す。話を聴く。ともに時間を過ごす。

不可能を可能にしてやる……そんな気概があるからこそ、クライアントのために良いアイディア・解決策が浮かぶことがあります。中山国際法律事務所では、challenge the unchallenged（だれも挑戦しなかったことに挑戦する）という言葉を掲げています。

実際、日本のクライアントのために、私が海外の法律事務所に赴いて、机をバンバン叩く勢いでクライアントの立場を情熱的に説明したら、海外の弁護士があり得ない方向に動いてくれて、クライアントが満足したことがありました。

warm heart（暖かい心）と**cool head**（冷静な頭脳）。これが良い弁護士の条件でしょう。まずは、warm heart を持って、sympathy（同情）よりもさらに踏み込んで、クライアントと同じ目線に立って、empathy（共感）を持つ。一方で、法律家として冷静に cool head（冷静な頭脳）を保つ。自分をメタ認知（客観視）するクールさが必要です。

三つ目はインテグリティ（Integrity）です。

インテグリティは、誠意や高潔と訳されます。「人格者を人格者たらしめる要素」と説明されることもあります。誠意を尽くす。常に完全を目指す。セコいことはしない。弁護士事務所は信頼されてナンボです。

できる限りのことをして案件に向き合い、日系企業や日本人の世界進出を応援したい。英語を活かして、日本と世界の架け橋になるような仕事をして、ひいては世界全体に貢献したい。その思いで、日々の業務にあたっています。

弁護士の情熱が世界を変える！

裁判に判例があります。では、その判例はだれが変えるのでしょうか？　裁判官？　当事者？　違います。

判例を変えるのは、弁護士です。当事者がいくら「判例がおかしい！　理不尽で時代にそぐわない、判例を変えるべきだ！」と考えても、法律の知識も資格もなければ、判例は変わりません。また、裁判官も、当事者や弁護士の言ったことに応対すればよいので（これを「弁論主義」と言います。弁論されたことだけについて判断するのが裁判官です）、自ら判例を変える立場にはありません。

弁護士だけが、クライアントの当事者の立場に立って、クライアントとともに泣き、憤り、判例を変えるべきだと信念を持ち（warm heart）、一方で精緻な理論構成をして（cool head）、情熱的で説得的な書面を書き、法廷でそう熱く弁論するのです。その弁護士の情熱が裁判官の心の琴線に触れたとき、裁判官が初めて「おおそうか、この判例は改めなければいけないんだな」と思って、それで判例が変わるのです。

この「弁護士の情熱が判例を変えた」代表例が、尊属殺人違憲判決です。昔、刑法に、通常の殺人罪のほかに尊属殺人罪がありました。親を殺したら、通常の殺人罪より重い刑が科されるのです。

ところが、悲惨な事件が起こりました。1968年、栃木県のある父親が、近親相姦して自分の娘を犯し続け、その娘に5人も子供を産ませた（！）のです（うち2名は死亡）。鬼畜の所業です。その娘さんは、その悪夢から15年後、別の男性と恋に落ち、父親の軛から逃れようとしました。しかし、それに逆上した父親がまた娘を辱め、ついに娘は父親を絞め殺してしまいました。尊属殺人です。

重い法定刑から、娘さんは、3名のいたいけな子供を残して、懲役に行かねばなりませんでした。執行猶予は付けられず、塀の向こうに行くのです。3名の遺児は天涯孤独になってしまいます。この境遇に憤ったのが、大貫弁護士父子です。親子2代かけて、手弁当で、「尊属殺人罪は、法の下の平等を定める憲法に違反する！」と闘いました。判例を変えようとしたのです。

最高裁は、大貫父子の主張を全面的に容れて、尊属殺人罪を違憲だとし、娘さんを執行猶予にしました。3人の子供の生活は守られたのです。後に、尊属殺人罪は刑法から削られました。

これが、「弁護士の情熱が判例を変えた」代表例です。判例どころか、法律も変えたのです。法律を変えたということは、世の中の常識が変わったということです。世界を変えたのです。

私は、この大貫父子の燃えたぎる情熱を、「弁護士の鑑」として尊敬しています。

Be the change!

中山国際法律事務所の三つの理念（ミッション、パッション、インテグリティ）の他に、私の事務所で大事にしているのが、次の言葉です。

「世の中を変えたいと思ったら、まず自分が変わらなければいけない」
(You must be the change that you wish to see in the world)

中山弁護士事務所のロゴ

ガンディーの言葉と言われています。短くして「Be the change」というスローガンにして、事務所ロゴと一体化させています。

世界に法律事務所は何万、何十万もありますが、事務所ロゴにこういうカッコいいスローガンを込めているのはウチだけだろうと密かに自負しています。なお、三井不動産もBe the changeを掲げていますが、ウチのスローガンをパクったのではと思っています（笑）。

私は、偉そうなことを言って自分は何もしない、口先だけの弁護士にはなりたくありません。説得力はリスクを取る覚悟から生まれます。遠巻きに、矢の届かない安全圏から優等生的に道学者臭の講釈を垂れたくはありません。帷幄の中から知恵を授ける孔明になりたくありません。長坂橋で矢面に立って傷を受ける張飛になりたいです。

冒頭の、なぜ私が白スーツを着ているのかという話にもつながります。日本を、閉塞感のない、自由な国にしよう、と口では言っておきながら、みんなと同じ服を着て、みんなと同じ行動をしていては、説得力がありません。私は、身体を張って、私の装いで、「人と違うことをする」というリスクを取っています。これにより、日本の同調圧力を下げることに、コンマ数%でも、貢献しようとしています。

大きなことを成し遂げるには、何よりもまず自分を変えなくてはいけません。では、自分を変えるには何が必要でしょうか。私は、20代前半、何度も司法試験に落ちた経験から「努力は実らない」という教訓を得ました。「圧倒的な努力のみが、実る可能性を宿している」のです。

人と同じことを、人と同じ量やっても、目指す成果を上げることはできません。自分にとって快適で居心地の良い環境（コンフォートゾーン）を抜け出して、人より重い負荷をかけながら日々を過ごすことが重要です。常に1％でもコンフォートゾーンを出る。そう自らに課しています。Be the changeと事務所ロゴに掲げることによって、「人と違うことをせなあかんで」（なんで関西弁?・）と自らを戒めているのです。

読者のみなさんへ

国際弁護士として生き残るのは、困難な道です。日本人1億人ではなく、世界80億人を相手にする仕事です。日本の歴史や文化も知る必要がありますし、それを英語で説明できなければいけません。

日本の法実務に精通しているのは当然として、各国の法制度もある程度知らなければなりません。英語力は当然として、ときには、ネイティブスピーカーに「Yes or No !?」と喧嘩を売れるほどの度胸も必要です。

けれども、自分を変革して道を切り拓き、国際弁護士としての一歩を踏み出せたなら、誇りと情熱をもって日々の業務に熱中する、刺激的な日々を過ごすことができるでしょう。

私もまた、自分の仕事に誇りをもち、子供たちの生きる社会が今よりもより良くなるよう、日々精進している国際弁護士の一人です。

若いみなさんの活躍を、心から応援しています。この本がその一助になれば幸いです。

私の愛読書 ❶

無私の日本人　磯田道史

それほど有名ではないけど、「無私」といえる美しい日本人を、数人集めて紹介する本。

あとがきで著者の磯田さんが、こう言っている。

「大きな人間というのは、世間的に偉くならずとも金を儲けずとも、ほんの少しでもいい、濁ったものを清らかな方に変える、浄化の力を宿らせた人である」。

たとえ「無私」になり切るのが難しくても、自分が生きたことで、ほんの少しでも、濁ったものを清らかな方に変え、「浄化の力」を発揮して死にたい。

第1章

親孝行

――親との関係は人間関係の基本

親があるから子がいる。親との関係は、人間が築く最も長い人間関係。つまり人間関係の基本。そんな大事な「親との関係」を振り返ってみる。

100年単位でモノを考える

ユダヤ人は100年単位でモノを考えるそうな。自分の人生で完結しようとしない。自分の子供、そして自分の孫が継いでくれれば…と考える。

私の83歳の老父もそうだ。戦前生まれ。九州男児。昭和35年に、18歳で上京。ほぼ徒手空拳から、私と兄の息子2人を育てた。

そんな父は、ケネディ大統領一家が好きだ。あのケネディ大統領（JFK）は、一代で成り上がったのではない。父ジョセフの支援が大きかった。ジョセフは野心的で裕福な政治家で、在英米国大使とかも務めた名士。ジョセフが大統領への夢を息子たち、JFKやその弟ロバート・ケネディに託した。私の父はジョセフ気取りで、俺は中山家一代、なんて嘯いていた。

私がJFKのように立派になれていないのは不肖の至り。でも、そんな父親の価値観は私にも大いに強く影響している。人生の幸せは、自分一代だけで掴もうとしない。

父の職業人生は、不遇に終わった。そんな期間に、父がふと私に言った。「10年の辛抱だ」。10年単位で辛抱する。10代の私には気の遠くなるほど長い時間に思えた。

しかし、50歳になる今の私には分かる。10年どころか、私は30年、１００年、１０００年単位でモノを考えている。そういう価値観を持っている。

父よ、ありがとう。

人が人たるゆえん

人類が、他の禽獣と異なるのは、葬式をすること。祖先崇拝をすること。犬猫は葬式をしない。古今東西、人類は死者を弔ってきた。祖先を尊重してきた。だから、死者に敬意を払うのが、人が人たるゆえん。

親になった今は分かる。自分の親を尊重することが、「自分たちの子供をしっかりいい子に育てる」ことに繋がるから。自分の親（孫にとっては祖父母）を尊敬する親の背中を見て、子供たちは親孝行を学ぶ。親を尊重することを学ぶ。

だから、子供をいい子に育てたかったら、端的には、まずはお墓参りをすること。

それが一番。

親が墓参りをしている。親が祖先を敬っている。無条件に、祖先は敬うもの。親は尊敬するもの。目上の人には敬意を払うもの。

そういう「背中」を子供に見せる。

これが子育ての要諦の一つではなかろうか。

親を大事にしない人は…

多くの野球選手を育ててきた、野村克也監督が言った。

「親を大事にしない人は、まず見込みがない」と。

親との関係は人間関係の基本。その基本ができていない人間は、何をやってもだめ。応用が利かない。そういうことだろう。私ももっと親を大事にしないと。

同じことを言う人はたくさんいる。


どんな世界でどんな成功をおさめようとも、親の面倒を見れないようでは、一丁前とはいえない。

本多静六（林学博士）

親孝行したいときには親はなし、という。今この瞬間、親が死んだ時も、後悔しないでいられるか。それを常に問いかけたい。

ちなみにSBIグループ総帥の北尾吉孝さんも、激務の中、母親に毎日のように電話をかけていた。忙しさは言い訳にならない。単なる優先順位の問題だ。

親、親ならずとも

親は子を無条件に愛すべき。

これはよく言われる言葉だ。

偏差値上がったから、習い事ができたから、いい学校に入ったから…という「条件付き」で愛するのではなく。子であるから、愛する。無条件に。

ドラ息子でも、放蕩息子でも、どんな不肖の娘でも。それでも親は、子を見捨てず、親としての愛情を注ぐべき。愛し方は様々であっても。

これを「子、子たらずとも、親、親たるべし」という。


同様に、子は親に「無条件に」孝行すべき。

親が子に理解を示すこととか、親が子を支援することを条件として、親孝行するのではなく。

頑迷な、時代錯誤の、どうしようもない親であっても、無条件に、親孝行する。

これを「親、親たらずとも、子、子たるべし」という。

要するに、「親子は、お互い無条件に愛し合うべき」なのでしょう。条件付きなのではなく。

どこだったか「親孝行な人間しか採用しない」会社があった。鍵山秀三郎さんのイエローハットか、永守重信さんのニデック（日本電産）だったか…。
私ももっと親孝行します！

立身は孝の終わり

「立身は孝の終わり」と説いたのは、長岡藩家老の河井継之助。名作・司馬遼太郎『峠』の主人公。2021年には役所広司主演で『峠』が映画化された。私が20年書いているブログのタイトルが「川塵録《せんじんろく》」という変な名前なのも、河井継之助の日記『塵壺』へのオマージュ。「川」沿いに住んでいる私の日々の「塵」（雑文）を記「録」している、との意味だ。

学生時代に12回も読んだ私のバイブル『峠』。この本を読んで陽明学徒を志した。知行合一。要するに、思ったことは行動に移せということ。口先だけの口舌の徒になるなということ。陽明学が好きすぎて、大学の勉強が嫌になって、退学しようと進路相談室に相談に行ったくらい（笑）。

親孝行は、親が元気なうちに。だから私も本を出版したりして、親孝行しようと思っている。本を出すことは別に出世ではないが、まあ親は喜んでくれるだろう。

だから今日も執筆のために早朝から事務所に行く。待ってろ親父、くたばるのはまだ早い！

両親のこと

誕生日を迎えて、親への感謝の意がにじみ出てきたので、両親のことを総括してみる。

私の両親は性格が正反対。父親は、極度の（？）悲観論者。石橋を叩いて渡らない。ちゃんとしなきゃダメだ、と20代後半まで厳しく窘《たしな》められた。一方、母親は、極度の楽観論者というか能天気というか。なんとかなる、とよく言っていた。

どちらか片方の人格のみでは家庭が築けなかったのではと思うほど。父親の孔孟的人格のみでは息苦しいし、母親の老荘的人格だけでは経済的に家庭を維持することができたかどうか。

私の人格は、我ながら、両親の人格をうまくブレンドしてできている。だから両親には感謝している。孔孟と老荘の巧妙なブレンドが人生を成功に導くと私は固く信じている。これは私の愛読書『峠』司馬遼太郎・著にも紹介されている。「よき孔孟の徒ほど、老荘への強い憧れを持っている」と。

私は悲観にも楽観にも行きすぎることなく、悲観をベースに期待せずに楽観する、「健康的なペシミズム」「積極的ニヒリズム」を身につけている。ニーチェも同じことを言っていたようだし、最近では私の高校の先輩でもある楠木建さんが、『絶対悲観主義』（講談社＋α新書）で同じ価値観を披露している。

なお、僕の性格の中で、軽薄な欠点は母親譲りで、たまにめちゃくちゃ無愛想になって周りを凍りつかせることがある欠点は、父親譲り。欠点までも忠実に両親をコピーしている次男坊である。

昭和19年生まれで今年80歳の母親は、今もグループホーム施設長として毎日働き詰め。昭和16年生まれで83歳の隠居した父親は、庭いじりに余念がない。

父と二人で、私の兄が赴任していたアフリカのブルキナファソに旅をしたのは、いい思い出になりました。母も旅行に連れて行ってあげたいのだが、私同様、母はワーカホリック（仕事中毒）に毎日働いています！

母は80歳で働いている

私の母親は80歳で、まだ働いている。しかも、バイク（原付き）通勤…。地元のグループホームの施設長だ。同世代を介護している、老老介護。

年末年始も「8勤1休」で、朝8時半から夜6時半まで…。入居者の食事や下の世話など、勤務している10時間、一度も座ることがないそうな…。

80歳で、10時間、座らずに、8勤1休…。

頭が下がるというか、刺激になるというか。私より働いているじゃないか！　オレも負けてられねえ。私がワーカホリックなのは、この母の背中を見てきたからなんだろう。

なお、私が小さい頃から、家でも母親がカウチポテトしているような様子は見たことがない。ちなみに「カウチポテト」とは、カウチ（ソファー）に寝そべってテレビをだらだら見てる人を、「ソファーの上に転がっているジャガイモ」にたとえて揶揄した、アメリカの俗語だ。

我がたらちねの母の唯一の不安は、80歳にして、原付きバイクで通勤していること。安全のために、後輪が二輪の三輪バイクにしたらと言っても「格好悪いからヤダ」と。いや、80歳の婆さんがそんなカッコつけなくとも…ま、それなりの美学がおありのようで…。

危ないので気をつけてください、と祈るばかり！

私の誕生日に父母に感謝状

２０２３年9月26日、私の49歳の誕生日に、横浜の実家の老父母に届くように、父と母にそれぞれ、感謝状をしたためた。

親孝行は、しすぎてしすぎることはない。巻き紙に筆で感謝状をもらったら、さぞかし親も喜んでくれるだろう。

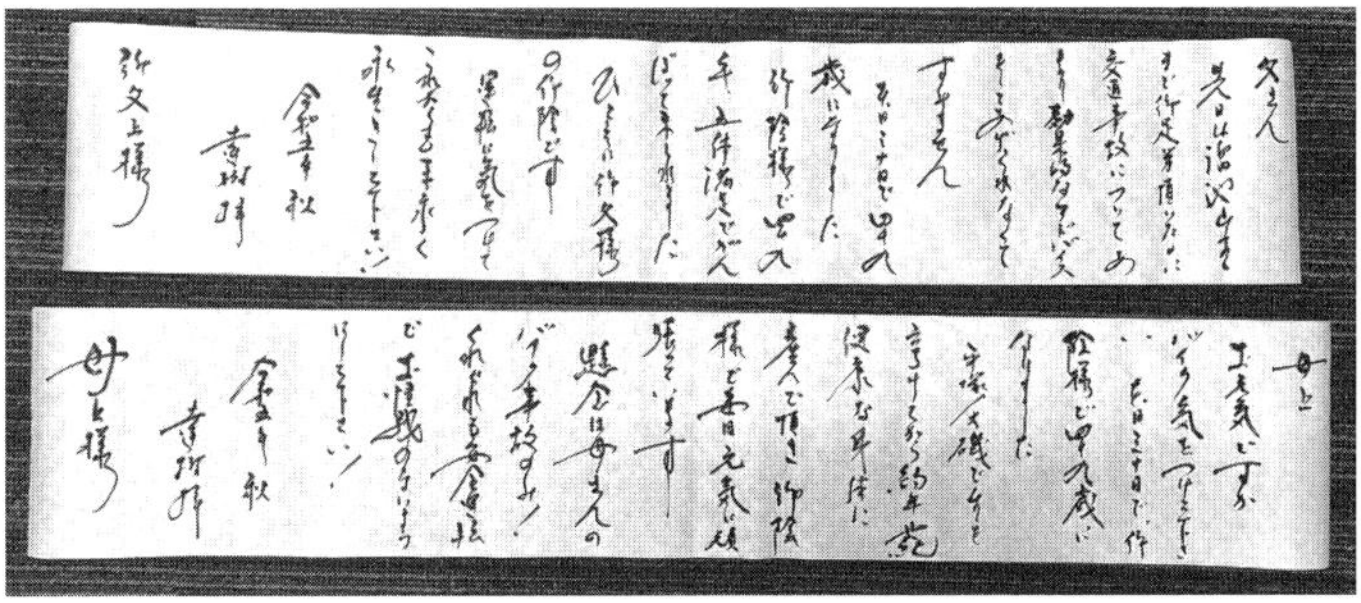

父母に贈った感謝状

私の親孝行

親孝行してますか。

「親孝行、したいときには親はなし」

と言われるように、案外、できていないのが親孝行。

「いつ死んでも悔いないように生きる」ことをモットーとしている私は、いつ死ぬか分からない親に対して（私もいつ死ぬか分からないし）、以下の親孝行をしている。

1 私の誕生日に、横浜の実家に花を送る
2 母の誕生日に、母に花を送る（あれ、父には送ってないな…）
3 読み終えた雑誌（文藝春秋、致知、東洋経済、日経ビジネス、TOP POINT、プレジデント）を、四半期に一度くらい、父に渡す。ボケ防止に役立つかと思って！
4 年に1、2回、家族の墓がある富士霊園に墓参り（桜の時期には必ず）に連れて行く
5 「みてね」アプリに孫の写真をアップロード
6 iPhoneを父に買って差し上げたので、数週間に一度、孫たちと、Facetime（ビデオ通話アプリ）で通話

７　庭木についての助言を求める

庭のメンテナンスについては、父に一日どころか千日の長がある。いろいろ父に訊くと、父は「それきた」とばかりに、嬉々としていろいろ教えてくれる。「自分が役に立っている」と老父母に思ってもらうのも、親孝行の一つだろう。

８　いい映画を一緒に観に行く

こうやって、親孝行として「仕組み化」できているものを箇条書きで書き出してみるのもお勧め！

孫のアルバムを送る

〝みてね〟というアプリ（無料）が親孝行にとってもお勧め。このアプリでは、撮った写真をこの〝みてね〟内にアップロードするだけで、親の端末の〝みてね〟から親に同じ写真を見てもらうことができる。

また、この〝みてね〟内の写真を選んで紙のアルバムを作って、親に送ることができる。12枚で２８００円くらい。先日、この〝みてね〟アルバムを私の実家の親元に届けたら、親は喜んでいた。

みなさんも、親孝行のために〝みてね〟アプリを速攻でインストールすることを全力でオススメします！

母への感謝状

母の誕生日に、母に感謝の手紙をしたためた。

私が好きな『七平ガンとかく闘えり』も一緒に送った。

この本は、死生観を研ぎ澄ますのにお勧めの本。

私が大学生時代、山本七平の全集を読んでエライ感動したので、母に勧めて母にも読んでもらったことがあった。それから30年越しの、再びの山本七平つながり。

親と本を通じて繋がる。これは、血やDNAだけではなく、価値観を共有する喜びを感じさせてくれる。

たらちねの母

我が母よ死にたまひゆく我が母よ
我を生まし乳足らひし母よ（斎藤茂吉）

一度見たら忘れられない歌。特に男性には。我がた

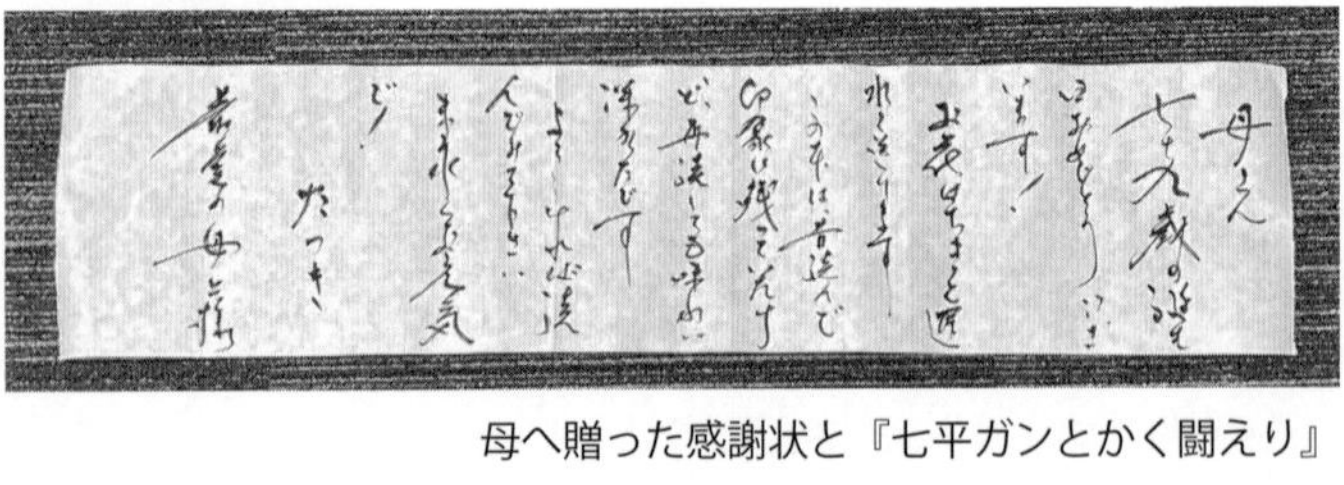

母へ贈った感謝状と『七平ガンとかく闘えり』

らちねの母はまだ死んでいませんが、その時が来れば、さらに味わい深い歌になるのでしょう。

「いい男はみんなマザコンである」

こう言って差し支えあるまい。もちろんマザコンとはいい意味で。昔のドラマの「冬彦さん」のようなキモいマザコンではなく。

母を至高の存在だと思い、母を理想にし、母を最もいとおしく、最も大事な人間の一人と思う、そういう意味でのマザコン。

戦争のとき、特攻隊士は、「天皇陛下万歳」と言って死ぬ人はほとんどいなかった。ほとんどの隊士が、「お母さん」と泣き叫んで死んでいった。「お父さん」と叫んで死に行った者は皆無だろう。

特攻隊士の遺書で、私が一番好きなのは、以下の相花信夫さんのもの。18歳。


「母を慕いて」

母上様御元気ですか
永い間本当に有難うございました
我六歳の時より育て下されし母
継母とは言へ世の此の種の母にある如き
不祥事は一度たりとてなく

慈しみ育て下されし母
有難い母　尊い母
俺は幸福だった
ついに最後迄「お母さん」と
呼ばざりし俺　幾度か思い切って呼ばんとしたが
何と意志薄弱な俺だったらう
母上お許しください
さぞ淋しかったでせう
今こそ大聲で呼ばして頂きます
お母さん　お母さん　お母さんと。

相花信夫
第七七振武隊
昭和二〇年五月四日出撃戦死
宮城県　一八歳

これを読んで泣かざる者は人でない。

母の笑顔

我がたらちねの母は、僕が幼い頃、僕が母の顔を見ると必ず笑ってくれた。どんなに忙しくても、どんなに機嫌が悪くても。共働きで、でも家事一切を担って…、親になって分かるけど、当時の母は、めちゃ忙しかったはず。

でも、僕が母と目が合うと、いつも顔をくしゃっと、顔面の筋肉をすべて使ってくれて、笑ってくれた。だから、私の脳裏には、笑顔の母の顔しかない。子供心に、その笑顔が作り笑いだと分かるときもあった。

でもそれがむしろ嬉しかった。母が自分に対して、無限の、無償の、満腔の愛を、注いでくれていることが、その無理した笑顔で分かった。だから私は、母のためにもいい子になろうと思った。そしてそう努めてきた。

母の笑顔なかりせば…ちょっと想像はできないが、私はだいぶ荒んだ、嫌な、ケチな、卑劣な人間に成り下がっていただろうと思う。今の自分にもそういうところはないとは言わないが。

だから僕は思う。「母の笑顔は財産である」と。だから俺は思ってしまう。笑顔の少ない女性には魅力がない。

そこで、仮説を立ててみる。「母から与えられた笑顔の量に比例して、子供は穏やかで愛情豊かな人間になる」。こう言えないだろうか。

私は、これでも自分のことをかなり穏やかな人間だと思っている。特に空手を始めてからキレたことはない。空手を始めてから、道場以外では人を殴らなくなった。

私の愛情の深さがどれくらいか…それは私に愛された妻ら家族が知っていよう。母ほどとは言えないが、胸を張れるくらいの愛情は家族に注いできたつもりだ。

寅さんの「俺、元気」

寅さんを演じる渥美清は、海外から母宛に、

「俺、元気」

とだけ書いた絵葉書を送っていた。

見習おう。冗長にならなくてもいい。時候の挨拶も要らない。「便りをよこす」だけで親は喜ぶ。自分の健在を知らせるだけで、親は喜ぶ。

私も見習って、まずは、今日にでもお袋と親父に電話しようかな。

マザコン小林秀雄

小林秀雄は、戦後最高の批評家とか、日本の知性とか言われる。

私はそれほどいい小林の読者ではないが、その雷名にはコンプレックスを感じている。

そんな小林は、母が天理教へ入信したら自分も入信し、母がお光り様（世界救世教）に入信したら、自分も入信して免状を取るまでになった。

小林は、父親を早くに亡くしたからだろうか、母親への愛情と同情を人一倍多く注いだ。

「宗教二世の被害者問題」がかまびすしく論じられる令和日本の価値観からすると、この小林の母子関係はとても奇異に映る。

ただ、これが小林秀雄の本質だと『文士　小林秀雄』の著者占部賢志は言う。

「批評家」にならない。「当事者」になる。

小林のそんな「覚悟」が、小林をして他人にない凄味を滲み出させている、と。

ふむ。昨今は、エンパシー（共感）が重視される。英語で「他人の靴を履く（put myself in other's shoes）と表現する。

親の宗教を、他人行儀で批評するのではなく、その靴を履いてみる。入信してみる。

見事にエンパシーある態度ではなかろうか。

「母」という文字

母の文字の点（、）二つは、乳房。象形文字。

女の文字に乳房はない。母に乳房がある。母になってはじめて母乳が出るから。

この点（丶）を、この象形文字の説明のとおりに、乳房と思ってもいいが、これは「涙」とも解釈できる。母の涙。

自分がここまで育つために、母は、どれくらいの涙を流してきたのだろう。実際の涙ではなくても、心の涙を、どれくらい流してきたのだろう。自分という人間が育つために、母はどれくらい、耐え忍んできたのだろう。家庭の中や、外で。それを思うと、涙なしには書けない、「母」の一字。

みなさんも、母への想いを込めて、しっかり、丁寧に、「母」の一字を書いてみてください。俺に母乳をくれた母。俺のために泣いてくれた母。世界でたった一人の、我がたらちねの母。

そう考えながら「母」の字をじっと見る。誠に味わい深き漢字ですね。

母親孝行のための父親孝行

同じ親として、父親も母親もない。同様に感謝している。

私の親は、戦前・戦中生まれ。だから令和の今の感覚からすると、旧時代的な弊風を残す部分はある。具体的には、男女同権的な価値観からすれば、オフクロが可愛そうだな、よく耐えているな、と思うところはある。九州男児のオヤジの考えに、男尊女卑的な匂いを感じる。

しかし、80歳くらいの人間の考えを変えるのは難しい。正面からぶつかっても、跳ね返されるだけだ。親に対して「その価値観は古いのでは…」と言ってみても、効果的ではない場合が多かろう。

そこで、私が採用している親孝行戦略は、「オフクロ孝行のためのオヤジ孝行」。

オヤジ孝行をしないことによって、オヤジが不機嫌になってしまうとする。そうすると、実家で、オフクロがオヤジの不機嫌にさらされる。80になんなんとするオフクロが、今さら離婚して別居生活を送ることは現実的ではない。そこで、実家でオフクロが不機嫌なオヤジに接することがないように、オフクロを守るために、オヤジ孝行をしている。こう書くと父親には失礼かもしれないが、こう言える部分はある。

父親に庭木を切ってもらう

多摩川の河川敷近くに家を建ててから10年近くになる。庭の手入れは全部自分でしてきた。季節の草むしり、伸びた枝の剪定…。それもまた楽しいひと時。忙中閑あり的な気分転換になってきた。

しかし、この春は多忙すぎて庭木が伸び放題に…。そうだ、父に頼んでみようかな。

私の父親は、庭の手入れを生き甲斐というか趣味としているので、喜んで手伝ってくれるはず。実際、筑波にいる私の兄の家の庭木の剪定も、父親がやったことがある。

そこで、横浜で悠々自適に隠居している79歳（当時）の父親に、私の自宅の庭木の剪定などを頼んでみた。

父は、二つ返事で快諾してくれた。むしろ、「ようやく俺の出番か」のように嬉々としている。父も生き甲斐・やり甲斐を見出して、若返ってくれれば。

親孝行には、二つある。「親のために子供が何かをしてあげる」というのと、「親が活躍する機会を子供が与える」というもの。働いている親には前者を、引退・隠居している親には後者の孝行を施すのがいいのかもしれない。

読み終えた雑誌を渡す

実家がある横浜市青葉区で、私が抱えているある案件の現況調査があった。ついでに実家へ立ち寄る。老父は（当時）80歳。なにより健康でいてくれるのが嬉しい。身体が強いとはいえず、私の子供のころは「お前たち兄弟が18歳になったら俺は死ぬ」が口癖だったけど、どうしてどうして、一病息災、孫5人の記憶に残るほど長生きしたのは立派。父さんが大好きな孫娘がもっと大きくなるまで長生きしてくださいませ！

実家に寄るついでに、私が定期購読する以下の雑誌で、私が読み終えたものを、老父の無聊《ぶりょう》を慰めるためにお渡しした。文藝春秋、東洋経済、日経ビジネス、致知、PRESIDENT、TOP POINT。段ボールに入れて私の事務所で溜めておいて、数か月に一度、実家に持って行くことにしている。

老父が、いろいろ刺激を受けて脳を活性化してくれれば。

映画を父と観に行った

２０２２年9月、アフガンの医師・中村哲さんのドキュメンタリー映画『荒野に希望の灯をともす』を、隠居している80歳の父親と観に行った。いい親孝行ができたかな。

親孝行は、「意識して」やらないとできないものだとつくづく思う。こうやってできる親孝行なんて、親の寿命を考えると、もう数回くらいしかないのかもしれない。その後、名作『ラーゲリより愛を込めて』も父親を誘って観に行った。父親もえらい喜んでくれた。

「老父母を誘って映画を一緒に観る」のは、時間さえ取れれば手軽にできる親孝行。ご両親と近くに住んでいる方には、全力でオススメ！

父がガンの手術で入院した

２０２1年5月、父が持病の前立腺ガンの手術で入院した。今年80歳だ。

手術の成功を祈るばかり。

最近は、数日に一回はメールしている。週に一～二度はFacetimeをする。子供の私とこうやってコミュニケーションすること自体が親孝行になると信じて。

私が司法試験を受験していた時代、要するに私の20代ほぼずっと、精神的にはもちろん、経済的にも、父に助けられた。その恩返しはまだまだできていない。

オヤジ。まだまだ長生きしてくれい！

ありがとう親父

２０２２年11月に、父が傘寿（80歳）になった。

昔から病弱で、私が小さい頃の40年前から、「お前が18歳になったらオレは死ぬからな」と言っていた父。私はもう47歳になったし、兄貴は49歳になっている。

想定より30年も長生きした親父。私の長い司法試験生活を支えてくれた。経済的にも。一病息災で80歳まで長生きした親父。真面目な、ときにはクソ真面目な背中を見せてくれた親父。親のインテグリティ（誠実さ）は子に伝染することを教えてくれた。

20年くらい前、犬の散歩中に転んで骨折したときも、痛い顔一つせず、痛いとも言わず、痩せ我慢して、九州男児の気骨を示してくれた親父。何よりオレを育ててくれた親父。

ありがとう。誕生日おめでとう。

傘寿祝いも、提案差し上げた家族旅行とか墓参りとかは実現してないけど、とても感謝しています。もっと私は立派な人間になるので見守っていてください。

孫娘と宝塚を観に行きたいっていう夢も、そろそろ叶うんじゃないかな。いつまでも末永く長生きしてくださいませ！

父親のこだわり

私の父親は教師をしていた。高校の社会科。地理。20年前、定年退職する際に、自身の職業人生を振り返って、

「俺は、生徒が寺社の山門を通るとき、〈敷居は踏むものではない。跨ぎなさい〉と教える教師だった」と言っていた。そこに父親の自負と矜持があった。「敷居を跨ぐことを教える教師」として記憶されたかったんだろう。そういうことを言う教師は、他にほとんどいなかったのだろう。

父は、神奈川の桐蔭学園高校の社会科主任を長く務め、理数科主任とか、進路指導の副部長でも実績を残したようである。その、「進学校の教師としての実績」に誇りを持っていたのではない。敷居を跨ぐという、「人としての教え・あり方」を伝える教師であったことに誇りを持っていた。

そんな父を私は誇りに思っている。

「叱る」ということ

私の父は、公衆マナーを守らない、我が子でもない他人の子供を叱る人だった。私は、かつてそ

ういう父の姿を見て少し恥ずかしく思ったものだった。しかし、自分がいい大人になった今、自分が若き日の父のように、そこいらの他人の子供を叱っていることに気づく。

子供は知らぬ間に親に似るものだというが、まさにそのとおり。

他人の子を叱る父の息子に生まれたことを、今では誇りに思っている。

妻の父母に感謝状

先日の、私の結婚記念日に、義父母に礼状を書いた。義父母のおかげ様で、今の私の家庭がある。

「自分の結婚記念日に、義父母に礼状を書く男」

私のことはこれだけ覚えてもらえばいい。

最大の親孝行とは

シンガポールの友人夫婦が「俺たちは selfish（自己中心的）だから子供を作らない」と言っている。子作りしないことを selfish というのかと思って、考えさせられている。やっぱり子供は作ったほうがいい。

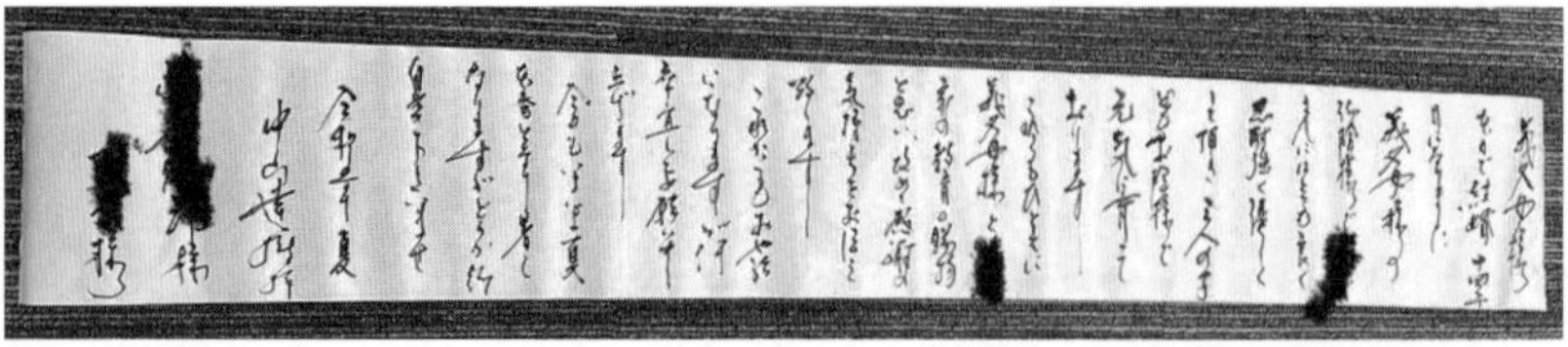

妻の父母への感謝状

「シングルでいい」とか「子供はいなくていい」というのは、「自分の世代」のみの幸福を考えている。「次の世代に幸福を伝えよう」という意識がない。という意味で小乗的。

上の世代、親や祖父母に対する感謝の念があるか。普通はあるだろう。だったらその感謝の気持ちを後世に伝える。自分がしてもらったことを、次の世代にも伝える。それが恩返し。

「子供を産まなくていい」という選択肢は、先祖代々、いやもっと大きく考えて、人類の文明ないし社会の文化が継いできた恩恵を、自分の世代だけで独占すること。歴史的な時間軸で言えば。悪く言えば一人よがり。

僕は桐島かれんさんのファンだ。彼女は4人の子供を産んだ。曰く「食卓の楽しさ・賑やかさを次の世代に伝えること」が私の務めで、母親の義務だと。

とても美しいと思う、この精神。親に対する感謝の気持ちが伝わってくる。

こう考えると最大の親孝行とは、やっぱり子供を作ること、と言える。「孫ができると親が喜ぶから」という、親の気持ちないし主観の観点からだけではなく、親に対する感謝の念は、自分の子供に伝える。そうやって人類は発展してきたのかもしれない。

「子作りの意義」「親になることの積極的意義」などは教わったことがない。そんなことは教わらなくても子はできる。本能だから。でもこの「本能」以外にも、子を作ること／産むことには積極的な意義があるのだろう。

私の愛読書 ❷

「粗にして野だが卑ではない」石田禮助の生涯

城山三郎

三井物産社長から国鉄総裁になった石田禮助の生涯。

クリスチャンの石田禮助が、世間の批判に頓着しない、「卑ではない」姿勢を示しているのが、カッコいい。

生き生きとした城山三郎の筆致が、とても読みやすく、魅力的な人物を描き出している。

「本を読むのが得意ではない…」という人にも、スッと楽しく読めるはず！

第2章

家族

――世界平和も家族から

家族の支えがあるから仕事もできる。世界平和も家族から。仕事にはかけがえがありますが、家族にはかけがえがない。

親の使命とは

4児の母である女優・桐島かれんさんが、言っていた。「食卓を囲む楽しさを子供の世代に伝えること」が、親の使命であると。私も全く同感。明るい食卓を築くこと、子供たちに明るい家庭で幸福感を味わってもらうことを、意識している。

ちょっと分析すると、この「家庭を明るくする努力」は、子孫を増やしたい、自分のDNAを遺したい、という人間の本能に合致している。

なぜなら、家庭の楽しさを感じてもらった自分の子供たちは、やがて大人になって、「家庭って楽しいんだ、だから結婚して、子供を作ろう」と思うようになる。そして、また親から教わったように次の世代に家庭の楽しさを感じてもらい、また子供（孫）ができ…という無限のスパイラルが続く。

つまり、家庭の楽しさを子供が感じれば感じるほど、子孫が増える可能性が高まる。これは人間の本能に合致している。

と、小難しく考えるまでもなく、楽しい食卓を築きましょう！

感謝は成長の証

人は、加齢とともに、周囲に感謝するようになる。

成長とは、感謝すること。

私も今朝、自宅のゴミ（まとめたダンボール）を私が捨てる際、妻に「ダンボールまとめてくれてありがとう」と言えた。

自宅のゴミ捨てのうち「玄関にあるゴミをごみ捨て場所に持っていく」作業などは、最後の10分の1くらいでしかない。「玄関にゴミを置く」までの、ゴミを集めたり、袋に入れたりする10分の9の作業を、妻がやってくれている。

それを思って、妻に、「ゴミをまとめてくれてありがとう」と言えた。

こうやって、どんな小さなことにも、しっかり言葉で感謝の気持ちを表現すること。そういう親の姿勢から、子供もしっかり感謝できる人格に育ってくれるはずだ。

朝は希望に起き　昼は懸命に働き　夜は感謝に眠る

麻生太郎元首相が、山本太郎議員から「人生で二番目に大切なことは？」と訊かれ、咄嗟に「朝は希望に起き、昼は懸命に働き、夜は感謝に眠る」と切り返した。お見事。

この人生に対する態度、特に何にでも感謝することを子供たちが身につけてくれたら、どこに属しようが、いくら稼ごうが、かまわない。

だから、私も夜、家族と一緒に寝るとき、私は「お母さん、今日もありがとう。〇〇くん、ありがとう。〇〇くん、ありがとう。〇〇ちゃん、ありがとう。」と口にすることにしている。親の日々の言動や背中が、そのまま子育てになるから。子育ての大事さを説くこんな言葉もある。

If you bungle raising children, I don't think whatever else you do well matters very much.（もし子育てに失敗したなら，他の何もよくできたなんてことは言えないわね。）

ジャクリーン・ケネディ

父の教え

私は、父からは向上心と忍耐を教わり、母からはバイタリティとユーモアを教わり、兄からは信念を貫くことを教わった。

都合のいいところばかりを受け継いだ、恵まれた次男だと我ながら思う。

私が通っていた保育園で、爪の検査があった日でも、父に「爪は切るな」と厳命されたことがある。

初めて直面する家庭の規範と社会の規範の相克。

なぜ爪を切らない？　この父の教えは、「保育園児の喧嘩はたいてい顔の掴み合い、そこで勝つには爪を伸ばしている方が有利」という信念（？）に基づいたものだった。偉大なり、我が父。

そのせいか私は喧嘩が強かったようで、負けた記憶は2回しかない。

1回は、保育園の年長の時に体の大きい６年生に挑んだとき。一蹴された。もう1回は、小３のときに６年生に挑んだとき。

今でも口惜しい。

なぜ子供を作るのか

人はなぜ子供を作るのだろう？　理由を考えてみると、以下が思い当たる。

１親孝行
２挑戦
３先祖への申し訳（遺伝子を繋ぐため）
４自分が味わってきた人生の幸福を子供にも味わわせたいから
５「宝」の生産のため（「子宝」とはよく言ったもんだ）

他に、「周りの同世代が作っているから」「親になってみないと一人前ではないような気がするから」「できちゃったから」「自分が達成できなかった夢を追わせるため」「家業を継ぐため」「老後がさびしいから」と、人によっては様々だろうが…。

子宝に恵まれない方もいらっしゃる。だから「子供は作るべき」とは言わない。ただ、3人の子宝に恵まれたことは、私の人生の最大の幸福だと言える。生まれ変わっても、百万回生まれ変わっても、今の妻と、今の3人の子供たちと家庭を築きたい。

世界平和のためには?

マザー・テレサが「世界を平和にするためには?」と聞かれて、「まず家に帰って、家族を愛しなさい」と言った。

まさにそう。世界を変えようとかデカいことを言う前に、眼の前の人を幸せにしよう。家族に気持ちよく「ありがとう」と言おう。コンビニ店員にも、タクシー運転手にも、気持ちよく「ありがとう」と言おう。できない部下にも気持ちよく「ありがとう」と言おう。

妻の料理がもし美味しくなくても「ありがとう、ごちそうさま、美味しかった」と言おう。「この世に客に来たと思えば何の苦もなし。朝夕の食事うまからずともほめて食うべし」と、伊達政宗は言った。

私は思う。人生とは、

何を与えたか。

何を得たかではなく。

No one has ever been honored for what he recieved. Honor has been the reward for what he gave.（得たものに対して名誉が与えられるのではない。名誉は与えたものに対して与えられる）

さて、今日は私はだれに何を与えたかなあ…。

家族にはだれよりも愛情を与えた。これは自信がある。家族と会う時間は短いけれど。私ほど家族全員に愛情を注いでいる人間はいないだろう。

結婚10年目だが、妻に１日１００回くらいキスします！

３人の子供にもしている、嫌がられるけど…。

教育とは人体実験

「やり直しが利かないのは教育の分野である。教育が他の分野と本質的に違うのは、それが人体実験ということである」（藤原正彦）

なるほど。すべての親は、子供の教育については初体験。たとえ次男次女でも、親にとっては「初めての次男次女」なので、初体験であることには変わりはない。三男三女以下も同様だ。

親は、自らが人体実験をしているという「畏れ」を抱くべきだ。子育ては、取り返しのつかない人体実験。親の義務は重い。

そんな重い義務を果たしたのに、「自分が子供だったときの常識」を押しつけないようにしないと。常識は30年経てば大きく変わる。親も最新理論とかをアップデートしないといけませんね！

正月休みは親族と

正月に親族が集まると、私とか兄貴の昔話に花が咲く。恥ずかしい人生を送ってきましたと告白した太宰ではないけれど、10代20代ってみんなあとから振り返ると恥ばかり…。

10代20代は本当に親不孝だったなと改めて思う。人間みんなそうやって30歳くらいまで親不孝して、その罪悪感から30代を過ぎて必死こいて親孝行するようになるのかもしれない。とはいえ、そういう自分が50歳になった今、どれだけ親孝行しているだろうか…。

そんなことを思った正月休みだった。

被害者になるのは簡単だ

子供たちよ。
被害者の立場に立つのは簡単だ。

こんな時代に生まれた
こんな日本に生まれた
裕福でない家に生まれた
背が高くない
ハンサム・美女でない
才能がない
運動神経がない
学校が悪い
先生が悪い
会社が悪い
上司が悪い

「ないものねだり」をしたらきりがない。否、すべてを与えられて生まれてきている人間など一人もいない。みんないろんなコンプレックスを抱えて生きている。

でも考えてみよう。

人類がこれまで古今東西５００億人くらいいて、今の時代の日本に生まれただけで、どれだけ幸せなことか。

屋根があって
今日食べるものがある

というだけで、もう上澄みの数億人くらいだ。

不平不満を言ってもきりがない。立派な人間は不平不満を言わない。悔しさを糧にして生きる。

三重苦のヘレン・ケラーは、被害者の立場に立っただろうか。アウシュヴィッツで迫害されたフランクルは被害者のポジションを取っただろうか。

孟子にこんな言葉がある。


天の将《まさ》に大任をこの人に降《くだ》さんとするや、必ずまずその心志《しんし》を苦しめ、その筋骨を労せしめ、その体膚《たいふ》を飢えしめ、その身を空乏《くうぼう》にし、行いその為すところを払乱《ふつらん》せしむ。心を動かし性を忍ばせその能わざるところを曾益《そうえき》せしむる所以《ゆえん》なり。

孟子の言う「大任」をくだされたと思って、歯を食いしばって、「被害者の立場に立たない」。「大任」をくだされるくらい見どころがあるから、挫折や失敗が天から与えられた。そんな気概を持って、生きていっておくれよ。

親に似るのは避けられない

シンガポールで懇意になった政治家の子息Ｓ君がいる。礼儀正しくて好青年だ。

ある席でそのＳ君の話題になった。なぜＳ君は政治家の息子なのに全く偉ぶらないのか？　という話題で、ある先輩が確信的に言う。

「お父さんが偉ぶらない人なんだよ」

しかり。お父さんに会ったことはないけど、間違いなかろう。己の性格の何点かが、親に由来していないと胸を張れる人間は一人もいない。人間のすべての性格は、親からいくらかは受け継いだもの。

たしかに、親を反面教師とする人もいる。しかしその人も、己の深いどこかで、親と似てしまっている自分を発見することから免れない。

かくいう私も、傲慢かつ軽薄な自分の悪性格をいつも矯正しようと思っている。親のせいにしているわけではないが、これらの性格は両親から受け継いでいるような気もするが…いや、他責しないで自責します！

女房の不作は60年の不作

昔、「女房の不作は60年の不作」と言われた。母親の知性や人格が子供の知性や人格を決めるということ。

シンガポールの建国の父リー・クアンユーの自伝にも同じことが書いてあった。

I had told my children that when they marry they must be happy to have their children as bright only as their spouses.

happy は満足する、覚悟するの意。息子娘が配偶者より賢くなることを期待してはいけない。賢い配偶者を選べ、ってことですね。今風に、男女平等的に言えば、女房の不作のみならず、旦那の不作も、60年の不作。

かように、両親の資質や姿勢が、子供に強く影響するとすれば、では両親は何を子供に伝えるべきだろう。いろいろあるけど、

Integrity pays in the long run（インテグリティは長い目で見れば報われる）

これはだけは息子娘には叩きこまないとね。

「口先三寸で責任を逃れることができる」という経験を決して子供に与えてはいけない。ウソをつくとその何倍もの罰が我が身に降りかかる、ということを徹底的に教えなければいけない。

親の義務

「親の義務」として私が自らに課していること。

１ユーモアのある会話をすること

それを聞く子供がユーモアのある人間に育つから。子のユーモアは親のそれに比例する。親の会話は自然に子供に伝染する。

２基本的に常に笑顔でいること

不機嫌を己ひとりにとどめ、周りに伝播させない。これは教養人の嗜み。アランも言った。「上機嫌は義務である」。

これを実現するための私の工夫として、帰宅時に「ただいま」とは言わない。どんなに疲れていても、玄関の１メートル前からテンションを上げて「わっはっは、ただいまァ！」と大声で帰宅している。家族からは「わっはっはオジサン」が帰ってきた、と言われている。

死ぬための準備

なぜ私が早朝に出勤する際、家族に置き手紙を毎日のように書いているか。これは、いつ死んでも悔いを残さないため。

私の子供たちや妻は、私が今日ポックリ死んでも、私が書いた置き手紙を見返して「ああ、お父さんは、日頃はテキトーなことばかり言ってだけど、実は家族想いだったんだな」と殊勝な気持ちになってくれるだろう。

人間、いつポックリ死ぬか分からない。でも、「いつ死んでもいいように」悔いなく生きるのが私の信念。

「死ぬことと見つけたり」の武士道もそういうこと。毎朝、葉隠武士は、「死ぬ」シミュレーションをしていた。死ぬ覚悟を、毎朝、新たにしていた。だからこそ、いざというときに、動転せず、侍の本分が果たせる。

常日頃から「死んで」いるからこそ、力を発揮できる。これが「死ぬことと見つけたり」の意味です。

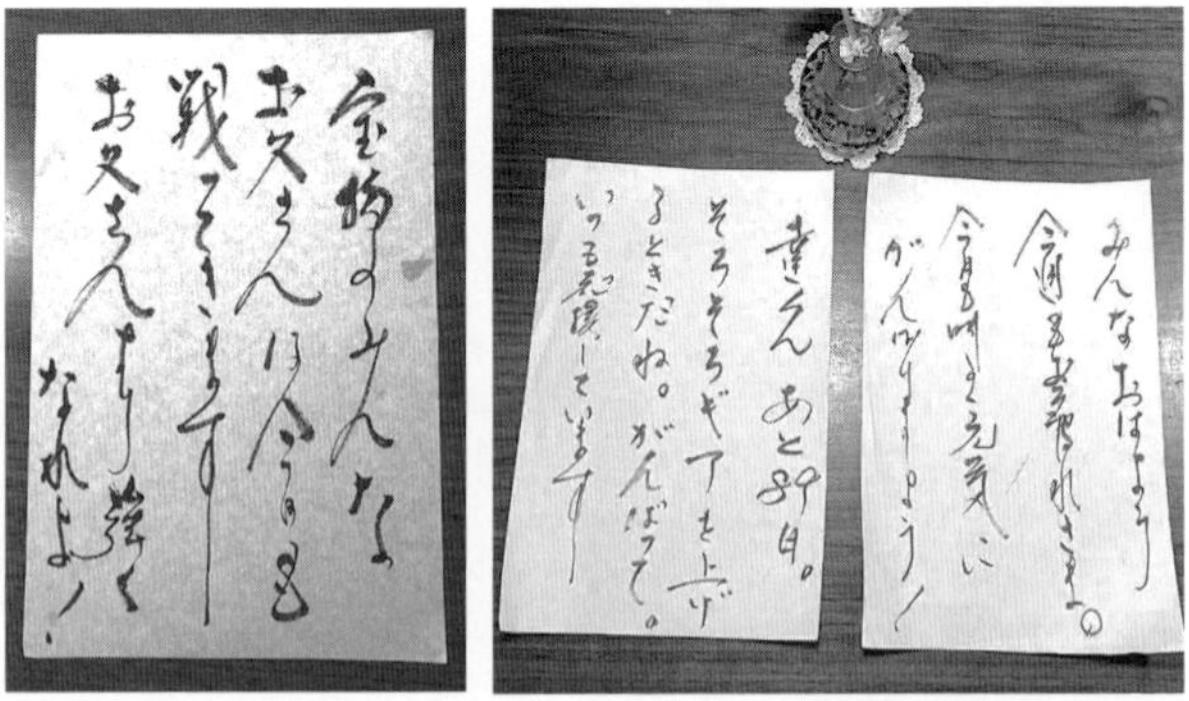

家族への置き手紙

家族への置き手紙

「人生は弱い自分との戦い」と子供には言っている。
20年後くらいには分かってくれるだろう。

１日たりとも私は家族への置き手紙を欠かさない。家族を愛さない者に、依頼者を愛し、大衆を真に愛することはできない。

四の五の言う前に、まずは周りから幸せにしよう。

今日の置き手紙

アフガンの医師・中村哲さんの映画を観たら、家族がいる、ということだけで、家族に感謝したくなった。

家族のみんなありがとう。みんなのおかげで私は幸せです。

２０２３年１月28日 朝３時の置き手紙。中学受験を控える長男へのメッセージを添えました。

いつ死んでも悔いがないように。

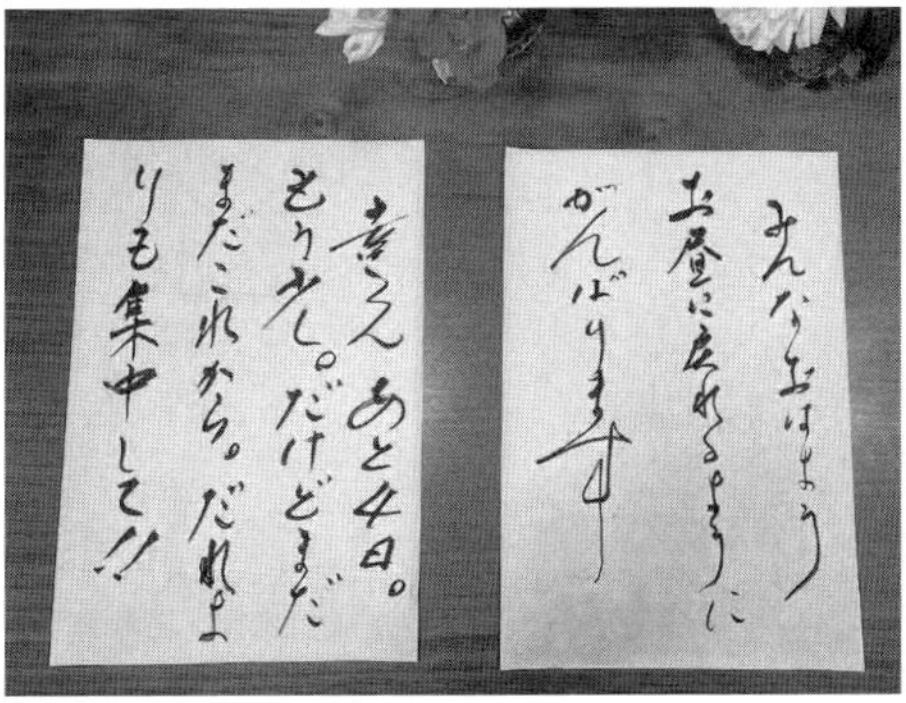

2023 年 1 月 28 日の午前 3 時の置き手紙

家族をだれよりも愛した、と思って笑って死ねるように。

生きることは、死ぬ準備。いつ死んでもいいように、生きる。

これがメメントモリ。これがカルペディエム。

今日も、いつ死んでもいいように、生きましょう。

女性に求める条件

結婚相手の女性に一つだけ条件を求めるとすれば…

「子供には常に笑顔で接してくれること」。

私のお袋の記憶は、その笑顔ばかり。叱られた記憶はほとんどない。私は次男だから私の代わりに兄が防波堤となって叱られてくれたからだ。

笑顔の少ない女性って、きっと育ちが悪いんだろうと思う。今までいろんな女性やいろんな家庭を見てきたが、いい家では母が娘に「口角を上げること」ないしは「いつも笑っていること」を幼い頃から叩き込んでいるような気がする。

私の女性の容姿に対する考え方は、人とは多少異なるようだ。これには私の母の美学が影響している。

母は昭和19年生まれ。大学を出て、そのまま大学に残り、フランス語講師に。留学経験もあり、その経験を生かす人生もあっただろう。生徒からは、かなり人気があったようだ。しかし、15年くらい教壇に立った後、スパッと辞めて予備校のチューターになった。

それも10年くらいでスパっと辞めて、老人介護の仕事をやり始めた。今までのキャリアをすべて捨てて。今も資格を新たに取って毎日嬉々として介護の仕事をしている。毎日の重労働と家事をすべてこなした上で、朝早起きして資格の勉強をする姿には頭が下がる。

そんな母が、一度だけボソっとこう呟くのを聞いたことがある。

「女は歳とともに容貌が衰えるもの。そうなって人前に出るのはみっともない。そうはしないのが私の美学」

つまり母は、歳をとるにつれて、だんだんと人前に出ないような職業に就いているのだ。「我が母ながら、天晴れ」と思う。

世界最高の母です。女性はすべからくかくあるべし。男性も、見習うべきですね…。

おじさん、おばさんの役割

内田樹が昔ブログで「おじさん」の役割を称賛していた。

父とおじさんの対話を通じて、家庭の中での父親の価値観が相対化されます。（中略）

もし父親とおじさんがきっちりとディベートを展開すれば、子供はさらにそこからいろいろなことを学ぶことができます。

論争の仕方や説得の仕方、そして論争に負けた場合の引き際、こういうのは現場で現物を見ていないとなかなか学習できません。（中略）

親権の行使に対して、親たちの兄弟姉妹が横から介入してくる、というのが親族の基本単位です。これが本来は親族の最小単位なのです。（中略）

核家族というのは閉じすぎている（小さすぎる）のです。（中略）

一人で暮らしている人が一番自殺しやすく、…家族の構成員が増えるごとに自殺率は減少します。

家族の構成員が多い方が、メンバーの一人一人は家庭内で自由であると感じ、かつ支えられていると　感じる、ぼくはそう思います（内田樹）。

あたってる。

大家族だと、価値観の多様性を許容するから、個々人の価値観の「自由」度が大きい。

核家族だと、親の価値観をモロに強制されたりして逃げ場がないから、引きこもり・自殺・尊属殺・家出が増える。

逃げ場を作るべきだ。「親の価値観を相対化」する仕組みが大事。

内田樹が説くこの「おじさん」の役割を考えると、同姓の兄弟が大切だということになる？　でも、今は少子化で同姓の兄弟をもつことは少ない…。

きょうだいが減ると、「おじさん」「おばさん」の数も減る。そうすると、親の価値観が相対化されず、絶対視されちゃう。それに押しつぶされる子供も増えるだろう。そう考えると、このままでは何十年後かに日本はもっとヤバくなっている可能性があるだろう。少子化に問題がある理由を一つ発見した。

伯父さんさようなら

慕う伯父が逝った。

85歳。死の数日前まで自分が創った会社で働いていた。久しぶりに会いたい会いたいと思っていた矢先だった。会えなかった後悔の念がよぎる。私が仕事で海外にいたので通夜にも行けず…自責の念が強い…。

伯父は、中央大学法学部卒だったこともあり、私が、司法試験受験時代、陰に陽に支援してくれた。その恩は忘れない。子供時代、大磯の私の生家で、一緒にたくさん遊んでくれた。でももう会えない…。今度会うのは天国で…。

生きている間に精一杯親孝行、子育てして、義理立てすべき人に義理立てしよう。もう後悔しないように。

子だくさんが勝ち

ある先輩曰く。

人生は、子だくさんが、勝ち。

アイツ私より稼いでるな。あの野郎、たいしたことないのに有名になりやがって。などと、人間だれもが嫉妬する。しかし、3人以上の子だくさんだと、そんな時にも「私には子宝がたくさんあるぜ」と独り自ら慰めることができる。

子供1人、何億円積まれても、渡さない。まさに子宝。宝だよ。何にも変えがたい。

嫉妬相手より、たくさん子供を持っていると、こんな自己正当化をすることもできる。


また、子供が2人と3人は大違い、と知人から教わった。子供2人は、普通。どこにでもいる。でも、子供3人は、あまりいない。夫婦円満でないと、子供3人は作れない。だから、子供が3人以上いるということは、夫婦円満である証拠。社会人としてのみならず、家庭人としても立派だから、子供が３人以上いる。

これはその通りだと思う。子供３人以上は社会的信用につながる。子育てはだいぶタフになりますがオススメです！

無条件の愛

家族は、家人に対して、無条件の愛を注がなければならない。条件付きではなく。give & take ではなく。何かをしてくれるから好き、何かを与えてくれるから好き、とか言うのではなく。

私はシンガポールで結婚式を挙げたが、そこでも結婚の宣誓は「富めるときも、貧しきときも…」と、無条件の愛を誓うもの。こう書くと当たり前のことだけれど、案外これを実践できている人は少ないように思う。尊敬できるところがあるから尊敬するのではない。長幼の序に理屈はない。年上だから尊敬する。目上だから敬う。兄だから兄を立てる。父だから敬う。妻だから愛する。

これも一種の無条件の愛。

内田樹が言う。「家族は家族のルールを守るから、家族だ」と…。ふむ。その段で行けば、「無条件に愛情を注ぐ」のが、家族のルールだろう。

私の愛読書 ❸

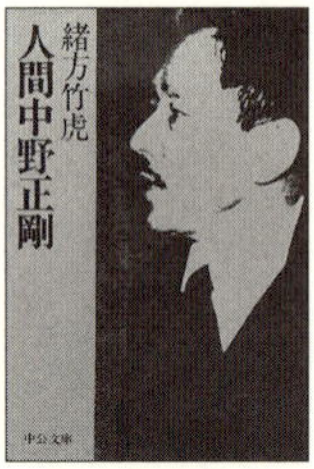

人間中野正剛　緒方竹虎

この本に収められている中野正剛が書いた『シッカリシロ・チチ』という短文が、私が人生で出会った文章の中で、最も美しい。

雄弁で知られた政治家の中野正剛の息子・克明が登山で遭難した。父の正剛は遭難した息子に「シッカリシロ・チチ」と電文を打った。最後の正剛の一文が泣かせる。

〈人々は「父が子なれば」と言う。その子は猪突猛進、頸の骨を突き折って死んだ。おれも「克明が父なれば」同じ覚悟で残余の命数を戦い続けよう。

「シッカリシロ・チチ」と克明もし霊あらば、例のユーモアを交え、鸚鵡《おうむ》返しに叱呼するであろう。〉

第3章

教育・子育て

―より明るい未来のために

後輩の教育や家庭での子育て。より明るい未来を築くために、だれよりも使命感を持って取り組んでいる。

親の覚悟

思春期に入った子供たちはやがて親を「限界を持った一人の人間」と見るようになる。その存在自体をうっとうしいと思うようになる。

そのとき親はどうすればいいのか。

悩むことはない。捨てられるのが親の仕事と割り切ればいい。

勢古浩爾《せここうじ》の本にこんなことが書いてあった。親の教育とか子育てって、子供を自立させることが目的。子が自立すると親は要らなくなる。だから子育てとは「自分を不要にする」ための営みなんですね。

自分を無にする営みとは何とも空しく感じられるけれど、その覚悟がないと、自分の見栄のためとか、自分の敗れた夢を叶えさせるためとかの、「親のため」の子育てになってしまう。

父のように強く母のように優しく

子供に何を教えるか。この言葉だけで足りるんじゃないか。そう思うので、これを短冊に書いて、玄関に貼っています。

強くなければ生きていけない。
優しくなければ生きるに値しない。

フィリップ・マーロウ

この２つは違うことを言っているようだけれど、そうじゃない。一つのことを言っている。真に優しくなれるためには、強くならなければならない。真に強い者のみが、人に優しくすることができる。単にスペックとして強いだけではなく、心の内面でも強くありたい。柳生宗矩《やぎゅうむねのり》は言った。

人に勝つ道は知らぬ。
我に勝つ道は知っている。

子育ての覚悟

人間には三種類ある。

１　人のために損をしない人

２人のために損ができる人
３人のために進んで損をし、そしてそれを喜んでする人
３の人間を育てるのが、子育ての要諦というか究極の目的だろうか。「親から十分に愛された」という記憶がなければ、３の人間は育たないと思う。親から愛された子供が、人を幸せにできる。親から愛されれば愛されるほど、人は人を幸せにしようと思う。

親から十分に愛されていない人間は、長じて自己中心的になる。子育てにかけた時間は、いずれ世のため人のために還元される。子育てにかけた時間と愛情に比例して、子供が立派になる。そう信じて子育てをするほかあるまい。

教育とは夢を語ること

或る人曰く「教育者が熱く夢を語るとき、最も教育効果が上がる。」
私にも思い当たる経験がある。母校の高校の矢口先生が、高３の最後の物理の授業で「俺はアインシュタインになりたかった」と語った。その時、生意気な生徒の私は「なんだ、いいこと言うじゃねぇか、そんなことはもっと早く言えよ」と思った。矢口先生に何年も教わった物理の法則はみん

な忘れたけど、先生が語った「夢」だけは32年経った今でもはっきり覚えている。

教育とは、「教わったものを全部忘れた後に残るもの」というアインシュタインの言葉もある。見事なアインシュタインつながり！

家庭を明るくする努力

子育ての要諦というか気をつけることとして、
・明るい食卓を築くこと
・食卓を囲む楽しさを感じてもらうこと
・明るい家庭で幸福感を味わってもらうこと
ということを私は意識している。4児の母の桐島かれんさんは、「食卓を囲む楽しさを子供の世代に伝えること」が、親の使命と言っていた。それにだいぶ影響を受けている。

この「家庭を明るくする努力」は、子孫を増やしたい、自分のＤＮＡを遺したい、という人間の本能に合致しているのではないか。

家庭の楽しさを感じてもらった子供たちが、やがて大人になって結婚して、子供を作り、また親から教わったように次の世代に家庭の楽しさを感じてもらう…という無限のスパイラル。家庭の楽しさを感じれば感じるほど、子供を作ろうか、と思うようになって子孫が増える。これは人間の本能を充足させる。

結婚されていない方、お子さんがいらっしゃらない方は反発を覚えるかもしれないが、私はこのように考えている。

家庭を明るくするのも、自分が子孫をたくさんほしいという「打算」なのか…いや、それもひとつの「本能」なんだろうか。

天の配剤

大人物の家族には不幸が多い。

王貞治には双子の姉広子がいたが、早逝している。王貞治は自分の身体の強さ、運の強さを、「死んだ姉の分ももらったから」と強く認識していた。

松下幸之助は8人兄弟。他の7人はほとんどが早逝している。


まず、次男の八郎が17歳、次いで次女の房枝が20歳、その直後に長男の伊三郎が23歳で亡くなっている。死因はいずれも流行性感冒あるいは結核。

その後、三女のチヨが21歳、四女ハナが17歳で死亡し、五女あいが28歳で死亡している。

長女のイワは、比較的長生きをしたが、大正10年に46歳で死亡している。

天は家族単位で運不運を平等にするのか。なお、幸之助の子供も早逝が多い。私も最近、義姉を40代で亡くした。義姉の分まで精一杯生きようと思う。

道徳と躾

道徳とは、各個人が自らの人格における「眼に見えない精神の作用」を美しくかつ高級にすること。自分に義務を課すことによって、自らの人格の徳性を磨くこと。ちょっと難しいですが、具体的には、

はしたない
さもしい
みにくい
卑しい
みっともない
見苦しい

こういう言葉は、家庭で親が子供に教えないといけない。食卓の会話で、親が口にしないといけない。親が世相ないし近所のだれかを論じて、上記の言葉で断罪し、その語の意味するところを教

えないといけない。親の好悪は子供に正確に伝染する。特に子供が10歳までは。

道徳とか倫理とか難しく考えるのではなく、要するに親の好き嫌いと美醜の感覚だと思う。

三つ子の魂…と言うが、自分の経験から、家庭教育は10歳までにそのほとんどすべてがなされるべきと思っている。10歳までの子供は親をほとんど神と思っている。自己と親との同一性が識別できない部分がある。

親の価値観・人生観・世界観が、子供に伝染する。

育児とは

20年ほど前、内田樹のブログを熱心に読んでいた。育児に関するいい文章があった。


私は師匠にこれだけ尽くした。だから、これだけのリターンがあってしかるべきだ、というふうな功利的な発想は師弟関係になじまない。師弟関係に限らず、真に重要な人間関係はそういうものではないだろう。

たとえば、育児がそうだ。

私はこれだけの時間と労力を割いて子供を育てたのだから、その分の「見返り」をよこせ、と子供に要求するのは親として間違っている。育児とはそういうものではない。

子供を育てている時間の一瞬一瞬の驚きと発見と感動を通じて、親はとても返礼することのできないほどのエネルギーと愉悦を子供から受け取っているからである（内田樹）。

男手一つで娘を育てた内田先生ならではの言葉。同旨の発言を私の母からも聞いた。子供は３歳までに十分に親孝行している、と。

give & give は、美しい。

give & take は、醜い。

愛とは与え、赦すこと。見返りを求めないこと。与えることの喜びを感じることが、愛なのかもしれない。

いじめ防止法①

いじめを防止するために、自分が小中学校の担任だったら?

私だったら「ヒソヒソ話はやめよう」「陰口はやめよう」を標語にする。

許される「からかい」と、陰湿な「いじめ」の区別は、ヒソヒソ話があるかないか。社会人になってからヒソヒソ話をする人間は人格を疑われる。社会人がしてはいけないことは子供もしてはいけない。

子供のうちから「ヒソヒソ話は醜い」という価値観を叩き込む。いかがでしょうか！

いじめ防止法②（男子編）

小中学校の頃、いじめられていた男子は、すごく背が低いか、細い子か、太っている子じゃなかったかな？　「スポーツマンでいじめられっ子」というのはいるのだろうか？

細すぎる子も肥えすぎている子も、懸垂10回はできない。

だから、懸垂が10回できる男はイジメられない。これが僕の持論だ。

懸垂10回できるようになれ！　懸垂10回できる男子は、まずいじめられない。

息子がいじめられたら「学校に文句を言うのではなく、四の五の言わず、まず肉を食わせて懸垂をさせろ」。僕は自分の息子にはそうします。

小中高生は、半分は動物。肉体的な威圧感が、人間関係における上下関係を支配する。スポーツをして体を鍛えると、顔も引き締まるから、舐められなくなるし。

スポーツをまじめにしたことによって、いじめられなくなった男子を私は何人も知っている。みなさんも多くご存知のはず。有名なところでは、正道会館の角田信明さんがいますね。

中学生になる息子へ

息子がもうすぐ中学生になる。受験頑張りました。
中学生になる息子に贈る言葉としては…

１失敗をしなさい。
失敗をしよう。
挑戦をしよう。
挑戦と失敗は同義。
失敗してない、ってことは、挑戦もしていない、ってこと。
「失敗リスト」とか作って、毎月一つは、失敗をカウントするくらいがいいぜ。
２英語を勉強したら。
10代か20代の早めで、海外に留学するのがいいぞ。視野が広がる。
年に一度くらいは、家族と海外旅行も行きたいね。
毎日15分、英語の音読をしよう。
３身体を鍛えよう。
どうしても受験ばかりだと頭でっかちだ。

身体を鍛えたら、体力気力も付くし、女の子にもモテるよ。

4 友達をたくさん作ろう。

中高時代の友人は一生の友人。

「誘われたら断らない」をマイルールにしてはどうだろう。

よほど人の道に反しているという悪事の誘いでなければ。

あと「中学生時代は、中学生にしかできないことをやろう」とか「ミッション系の学校なので、聖書を勉強する?」みたいな提案もあるけど、これは私の中でもまだ言語化できていない。

伸び伸びと育ってくれい!

習慣を変えよう

子供の塾の成績が芳しくなかったらしく、子供がいじけて?泣いて?いた。親にできることは何かな…。これをいいチャンスとして、習慣を意識した「月間目標」を立てることにしよう。家族みんなで。

そして、その目標は、単に「勉強頑張る」とかの抽象的なものではなくて、○×で達成できたかできなかったかが判断できる具体的なものがいいなと。さらには、毎日の習慣に組み込めるものがいいなと思っている。「毎朝6時半に起きる」など。

思いを変えても無意味。行動を変えないと。

行動を変えても無意味。習慣を変えないと。

私も偉そうなこと言っていないで、どんどんいい習慣を身に付け、悪い習慣を捨てるようにしよう。

シャンパンタワーの法則

シャンパンタワーでは、上のシャンパングラスが満つれば、溢れたシャンパンが、下のシャンパングラスを満たす。このように、自分が満たされないと、他の人を満たすことはできない、というのがシャンパンタワーの法則。この法則を知ってから、しばしば私は家庭で、幸福感をあえて口にする。


お父さんは幸せだなあ、宝物の家族が４人も居て、みんな元気で。

可愛い家族４人と食卓を囲めて、お父さんは世界一幸せだなあ。

地球に80億人いて、お父さんほど幸せな人はいないなあ。

お前たちも、お父さんみたいに幸せになれよ。

と…。

自分が幸せではないと、人を幸せにすることはできない。

自分が笑顔ではないと、人を笑顔にすることはできない。笑顔は伝染しますからね！

修身斉家治国平天下

「礼記」大学に、「修身斉家治国平天下」という言葉がある。身を修め、家を斉《ととの》え、国を治め、天下を平らかにす、と読む。儒教の基本的な考え方だ。

自分の身を修めたら、その次に家庭。その次に自分が属するコミュニティ、会社とか事務所とか。その後に地域。その次に国。その次に世界。身の周りの家族を幸せにできないような奴が、天下を治められるわけはない。

今の自分に何ができるか？　何をすべきか？

まず自分の身の周りからどんどん広げていく。地に足を付けて。批判するだけではなく。具体的には、オフィスビルの清掃人の名前を訊いて覚えるとか。コンビニの店員がネパール人なら「ありがとう」の代わりに「ナマステ」と言うとか。

道徳とか修身とか人の道というのは、要するに「他者をリスペクトする」ことだと思っている。

批判する者になるな

批判する者になるな、批判される者になれ。

これは内村鑑三の名言だ。この名言を思い起こさせる出来事があった。

次男は小学校２年生（当時）で、まだ体力がないし、少年野球に欠かさず行くということはない。練習に行くのは土日のどっちか。出れない試合に行くことも少ない。

４年生の長男は、今更になって野球熱が上がっている。試合に出れないのにダブルヘッダーに行っている。塾の勉強がたくさんあるのに、毎週、妻には「勉強もしないで野球に行って…」と小言を言われている。

そんな次男が、試合に出れない長男を揶揄する発言をした。「試合に出れないアホ」的な。まあ２年生だから罵るのは言葉遊びみたいなもんだ。

でも、そこはしっかりたしなめた。これは挑戦していない人が挑戦した人を揶揄する発言だなと思って、２年生次男にしっかり諭した。

「長男は、勉強が大変なのに、野球と両立しようと思って挑戦している。次男のお前は挑戦していない。挑戦していない人が挑戦した人を悪く言うのはいけない。長男にしっかり謝りなさい」と。

次男も心得たか、謝っていた。

批判するだけの人生はいけない。批判される人生を送ってほしい。たとえば、ネットで匿名で悪口を叩く人間にだけにはなってほしくない。

政治家を叩くのが民主主義だ、のように思っている人がいる。でも、政治に挑戦しない人が、政治に挑戦している人を批判するなら、それなりのリスペクトも示したい。

観客席で観ている傍観者が、フィールドで身体を張ってプレーしている人をエラそうに蔑む発言をしてはいけない。批判すること自体はいいとしても、それなりのリスペクトをもって批判しないといけない。

批判する観客にならず、批判される選手になろう。

被害者ぶるな

いろんな人を見たり、多くの偉人伝を読んだりして思う。好感の持てる人は、けっして、被害者ぶることはない、と。

最近は、「被害者最強」の世の中だ。被害者に対して優しくしないと、加害者がハラスメント呼ばわりされる。この風潮が行きすぎたから、今年（令和6年）、東京都がカスタマー・ハラスメント防止条例を制定した。

現代日本に生まれて、ちょっと恵まれたポジションにあれば、世界的に見る80億人中の、上澄みの1億にいる。下に79億人もいる。

たとえば、弁護士だったり、知的職業に就いていたり、大手企業に勤めたりしている人は、もうそれだけで「80億人中の、上位1億」なのだ。客観的事実として。本書の読者のみなさんも、知的レベルの高い人でしょうから、80億人中の上から1億の中に入っている。

それなのに、ちょっとした不遇をかこって被害者ぶるのは良くない。私も含めて、みんなそうなりがちだ。しかし。被害者ぶってはいかん。まずは恵まれていることに感謝しよう。これだけは子供たちに教えたい。

オヤジの背中

反面教師として見てきた部分もある父親だが、感謝していることがある。小中学生の頃、家族で五反田に買い物によく行っていたのだが、先頭をスタスタ歩く親父が歩道に倒れている自転車を、いちいち立て直して歩いていく姿。

後ろから付いていく不肖の悪ガキたち（兄と私）は「オヤジはクソ真面目だな～」と冷やかしながら見ていたのだが、20年経ってみると、私も同じことをしながら街を歩いている。

私の場合は「ひとつ善事をしたからいつかきっといいことあるぞ」っていう打算からだけれど。でも素通りするよりいいはずだ。

頑固なところがある父を見て「こんなオヤジになるもんか」って片意地張って生きてきたけれど、子供に対する叱り方とかオヤジそっくりなんだな、今の私。

怒りながら自分でそれに気づいて、自己嫌悪に陥ったりしている。血は争えないのか。自覚していないけどたぶん他に似ている部分はたくさんあるんだと思う。

オヤジの背中は、数十年経って効き目があるもの。即効性はないと心得た方がいい。

藤原正彦の父・新田次郎は、サラリーマンをしながら作家として大成した。次郎はいつも、夕食後に「闘いだ、闘いだ！」と己を叱咤しながら書斎に向かって行ったという。

その背中は息子正彦に何かを教えただろう。

私も闘う背中を息子に見せないと。

アーリーリタイアのデメリット

同世代の活躍している弁護士と、パワーブレックファースト。これからの人生の夢とか、ライフプランをざっくばらんに話した。

アーリーリタイアとかＦＩＲＥ（早期退職）ってどうなのみたいな話が出て、私は全く考えていないと回答した。

アーリーリタイアの最大のデメリットとして、子供への影響がある。親が、十分にお金を稼いだからと言ってプラプラしていると、子供たちは、そんな父親の背中を見て「僕も同じでいいんだな」と、怠けてしまうのではないかと思う。

勤勉の美徳を父親の背中から学んでもらう。そのためにも、私は、毎日しっかり働いている。いろんな人の伝記を読んでも、伝記になるほど偉くなった人で、子供の頃、親がアーリーリタイアしていた人は、聞いたことがない…。

学歴コンプレックス

ある人が言っていた。

「30歳にもなって学歴コンプレックス持っている奴はダメだよ。」

ふむ。どんな大学を出ても、いや高卒でも、20代を充実させれば、だれにも後ろ指は刺されない、立派な能力を身につけることができる。そんな人が周りに何人もいる。

かたや、トーダイ法学部を出ても鈍い奴は本当に鈍い。実際、40代になると学歴の話題はほとんど出なくなりますね。

負け犬になるな

母校桐蔭学園高校は「文武両道」が謳い文句だが、スポーツ推薦枠が別にあるので、実際のところは「文武別道」。

その中でも自分は文武両道を地で行った方だと自負しており、しばしば秘訣を訊かれる。でも、秘訣なんかない。要するに負けん気だ。勉強の試験が終わったら、上には上がいるので「ああ、俺って勉強できねえなあ。せめて野球でも頑張らなきゃ」と、気持ちを切り替える。野球で負けたり打てなかったりすると「俺って野球下手だなあ、せめて勉強では頑張らなきゃ」と、また切り替えて負けん気を発揮していた。

「私はアイツには敵わない」と思ったときから、人間の成長は止まるのではないか。

西郷隆盛も言っている。

聖賢にならんと欲する志なく、古人の事蹟を見、とても企て及ばぬと言うようなる心ならば、戦に臨みて逃げるよりなお卑怯なり。

聖人になろうとしないのは卑怯者だと。かなり強い言葉。その西郷が尊敬した佐藤一斎は、「世間第一等」の人物を目指すのは不十分で、「古今第一等」の人物を目指せと言った。

私はどんな人間に出逢っても、自分より優れている点を謙虚に吸収しようとするだけではなく、その人より自分が優れている点（野球、空手、書道、読書、法律、落語など）を見つけるようにして、負け犬に成り下がらないように心がけている。

子供たちにも「戦う前から白旗を上げる負け犬にはなるな」と教えている。

世のため人のため

世のため人のため。

私はこの言葉を親に言い聞かせられた。

しかし､学校教育ではこの言葉を聞いたことは一度もなかった。桐蔭学園でも、もちろん大学でも。

息子にはこの言葉だけは覚えさせようと思う。

ある知人と会食して、日本の教育はダメだ、エリート教育をしなければ、という会話で盛り上がった。アメリカ生活が30年くらいのその方によれば、アメリカでは　プレップ・スクールを出ている人がエリートとして社会の中枢を担っていると。イギリスではもちろんパブリック・スクール。日本の旧制高校の伝統はよかった。人格を形成する最も重要な10代後半に、哲学書や教養を養う本を読んで同世代と切磋琢磨する。これに勝るエリート教育はない。

日本の戦後教育では、若い頃に哲学書を読んだり友と語ったりして人格を陶冶《とうや》する機会に欠けている。自己啓発して、補うしかない。

本を読みましょう！

歯を食いしばった数で人生が決まる

私は毎朝、懸垂しながら、顔もしかめて、顔面筋もトレーニングしている。

顔をしかめるのは、「歯を食いしばる」に近い。とは言っても、実際、歯を文字通り「食いしばる」（＝奥歯を噛み締める）ことは、実はほとんどない。でも、奥歯を噛み締めなくても、こういう「歯を食いしばる」表情を何回するか、で人生が決まると思っている。大げさだけど…。

限界まではだれでもできる。勝負は、限界からどれくらい頑張ったか。禅語で「百尺竿頭《ひゃくしゃくかんとう》、更に一歩を進めん」と言う。限界から頑張る際（＝オールアウトの際）には、だれでもこうやって、歯を食いしばる表情をする。

トレーニングだけに限らず、勉強だって、研究だって、どんな道だって「限界の先にどれくらいできるか」で勝負が決まるのではないだろうか。その「限界の先」に行っている、分かりやすい指標が、この「歯を食いしばる」表情。

その表情を何度もやっていると、顔つきも変わる。だから、人は「顔を見れば分かる」。

Be a man in a million

〝百万人の中の1人の人間になれ〟

男の中の男になれ、とも意訳される。

この言葉を、私は、高校時代のすべてのノートの表紙のど真ん中に、マジックで手書きしていた。気恥ずかしいというか、高校生らしい昂然さというか。30年前から私はそうやって志高く生きてきた。

司法試験にトライする前の20代の前半、私は、大学受験のための英語塾講師をしていた。田園調布の藤井塾という小さな塾で。その生徒と昨晩、25年ぶりくらいに同窓会的に会った。当時の高校生も、今は42歳のオジサン。

そのオジサン生徒から、25年前の私の塾講師時代の思い出として、この「〝Be a man in a million〟という言葉が一番インパクトがあった」「今でもいろんなところに貼って戒めとしている」と教わった。

私が20代前半のときに口走った言葉が、立派に育った生徒の座右の銘のようにして記憶されているとは!!

若者が受ける人生の影響、繊細さ、教育の大事さなどを考えさせられた。

Be a man in a million. 百万人の中の一人になれているだろうか。かろうじて白スーツだけは、なれているかもしれないが、〝青雲の志〟を思い出して、今日も、man in a million を目指そう。

平凡人の自覚

我が愛吟する一節をご紹介。


「余は生来極めて平凡な人間である。

唯幸いにして余は余自身の誠に平凡な人間であることをよく承知して居った。

平凡な人間が平凡なことをして居ったのでは
この世において平凡以下の事しか為し得ぬこと極めて明瞭である。

修養と努力とは、自覚したる平凡人の全生活であらねばならぬ」　『随感録』濱口雄幸

この言葉に学生時代に出会えたことは幸せであった。

ライオン宰相濱口雄幸は、帝大法科を出て大蔵官僚になり、刻苦勉励して首相に上り詰めた努力の人。

当時の「帝大法科」は、今の東大法学部とは比べ物にならないくらいのエリート・ステータス。

今の東大理Ⅲくらいのハイレベル。その「スーパーエリート」の濱口宰相が言った。

「余は生来　極めて平凡な人間である」。

これを聞くと凡百の私などは、もう平凡中の平凡で…消え入りたくなる。

修養と努力を重ねよう。

修養と努力は平凡人の全生活であらねばならぬ。

自由とはカスタマイズすること

自由とは、何だろう。

自由とは…カスタマイズすること。

お仕着せのものを見につけるのではなく。与えられたことをやらされるのではなく。住む家。乗る車。着る服。髪型。仕事の裁量。取引先。配偶者。食べる食事。１日の時間。１週間に何をするか。１年間に何をするか。

もちろん、家族や子供ができたり、部下・後輩を持つようになれば、その教育などで時間を取られる。でもそれも、長い目で見て自分に返ってくる。たとえば、子供に老後を世話してもらえる。成長した後輩が自分の活躍の機会を作ってくれる。そう考えると、自由とは人生をどれだけカスタマイズできるか。

勉強も仕事も、世のためという部分もあるけれど、がんばれば選択肢が広がり、より自由になれ、より人生をカスタマイズできる。こう考えると、人生って「どれだけカスタマイズできるか」という旅とも言える。

私の愛読書❹

氷川清話　勝海舟

禅を修めた勝海舟は、現世で理解されるのではなく、後世に理解されればいいという人生観を持っていた。それを「知己《ちき》を千載に待つ」と表現していた。己を知る者を千年待つ、ということだ。

「ぜんたい大きな人物というものは、そんなに早く現れるものではないよ。通例は100年の後だ。今一層大きな人物になると、200年か300年の後だ。それも現れるといったところで、今のように自叙伝の力や、何かによってあらわれるのではない。

2、300年もたつと、ちょうどその位大きい人物が、再び出るのだ。そいつが後先のことを考えて見ているうちに、2、300年も前に、ちょうど自分の意見と同じ意見を持っていた人を見出すのだ。

そこでそいつが驚いて、『なるほどえらい人間がいたな。2、300年も前に、今、自分が抱いている意見と同じ意見を抱いていたな、これは感心な人物だ』と、騒ぎ出すようになって、それで世に知れてくるのだ。**知己を千載の下に待つ**というのは、このことさ。今の人間はどうだ。そんなやつは、一人もおるまいがのう。今のことは今知れて、今の人に誉められなくては、承知しないという『しり』の穴の小さいやつばかりだろう。」

第4章

勉学・仕事

―自分を磨き社会貢献

学問で自分を磨き、仕事を通じて社会貢献。
私が何をどう学び、今どのように仕事に取り組んでいるかを紹介しましょう。

大学受験の戦略

「戦略」の重要性は父親から教わっていた。
大学受験がそうだ。
野球をやっていい大学に入るためには、受験勉強を高3から始めては駄目である。高3になる時点では英語と数学で、もう大学受験できるくらいの実力を身に付けていなければならない。そういう「戦略」を父親から授けられた。
だから私は、中1の4月から毎日、雨が降ろうと槍が降ろうと、野球の練習でどんなに疲れていようと、毎日以下の勉強をした。
英語　15分　音読
数学　10問　解く
だから東大法学部に現役で入れた。だから私は、大学受験というものは能力云々ではなくて、「戦略」だと思っている。

和光同塵

老子の言葉。

「和光同塵」とは、自分の才能や徳を隠して、世俗の中に交じってつつしみ深く、目立たないように暮らすこと。

大学受験時代、受験なんてクソ食らえ！　と、受験制度や学歴社会に対して批判的、懐疑的になったことがあった。でも、「和光同塵」の言葉を知って、この精神で、まずはそこにどっぷり浸かって、実績を示してからだな、と思うようになった。批判するのは結果を出してから。偏差値至上主義的な風潮を批判できるのは、東大に入った者だけかな、と思った。そうじゃないと「負け犬の遠吠え」に聴こえるから。ませた高校生だったと思う。

東大法学部

東大法学部の最大の問題は、やはり数百人収容の大教室での一方的な講義ではないだろうか。

また、文武両道を志して「乃公出でずんば」の気概を持つ生徒が少ないことも問題かもしれない。

私は「天下の英才と切磋琢磨する」ことを夢見て東大法学部に入ったが、なかなかそういう友人を見つけることはできなかった。また、スポーツをする人があまりにも少ないのに寂しさを感じて、友人を求めて東大野球部に入部したが、文Ｉは私以外１人もいなかった。

ちなみに私の時代では、東大の法学部（文Ⅰ）と経済学部（文Ⅱ）は、生徒の質が全然違い、文Ⅱの生徒は「ネコ文Ⅱ」と言われていた。その意味は、「ネコの手を借りたいほど遊ぶのに忙しい（文Ⅱ）」というものだった。

私は文Ⅰだったが気の合う友人はみんな文Ⅱの、多くは浪人生で、そのため私は文Ⅰの中では結構浮いていたと思う。

私は運よく現役で入ったが、酒に強いことと、大人びたところがあったのか、しばしば一浪に間違えられた。なお、今もそうだと思うが、東大の特に文Ⅰには、二浪はほとんど見かけない。

最近は東大文Ⅰの偏差値は、他学部に比べて下がっている。ＯＢとして頑張って、文Ⅰの復権に貢献したい。

東大生のノートは美しいか？

『東大生のノートは必ず美しい』なる本が店頭に並んでいる。

一部正解、一部間違い。

東大生以外の人は、多く「東大生」を一まとめにしてみている。法曹以外の人が「法曹」を一かたまりとしてみるように。

でも、僕から見ると、東大生にもいろいろいる。

次の三種がいる。

１　勉強しないでも易々と東大に入る人

…生まれつき頭がいい人。ま、「天才」の部類。こういう人はほとんど「文Ⅰ」か「理Ⅲ」。法学部か医学部。麻布開成レベルだとたくさんいるのかもしれないが、わが母校桐蔭学園レベルでは、数年に一人。

２　勉強して努力して東大に入るべくして東大に入る人（いわゆる「秀才」）

３　東大に入ったけど、多くは「運」で入った人（「凡才」に近い）

…もう一度試験をやれば落ちる可能性がかなり高い人。ボク。

ちなみにこれはどの試験でも同じ。司法試験についても。

こう考えると、１の天才レベルの人のノートは、必ずしも美しくない。というより、彼らはそもそもノートを取らない。頭良すぎてノートを取る必要ないから。

「ノートが美しい」のは、上記２か３のレベルの東大生。

何事も「東大生だから」「上場会社だから」「日本人だから」「男だから」などとレッテルを貼らずに、内部の人の話を訊いたりして、解像度を上げて考えるのがいいですね。

学友

大学時代の友人と会食。彼は少ない書友でもある。

彼曰く「大学に入ってよかったと思うことは、お前に出逢えたことだ」。むむ…。私もそう言う貴君を友人に持てたことを胸に秘め、我が大学の選択は失敗ではなかった、と思うようにしよう。

我々が人生で出逢える人は数千人？　その何人かの人に「人生であなたと出逢えて良かったです」と言ってもらえるか。人生はその数を競うゲーム、と捉えてみたらどうだろう。

佐藤ママの衝撃

佐藤亮子さんは、日本の教育評論家。自分の息子3人と娘1人の4人全員を東京大学医学部（理科Ⅲ）に現役合格させたことで注目された。

この実績を知るまで私は、東大理Ⅲなんてのは、ごくごく一部の才能溢れた秀才か天才が入るところだと思っていたけれど、そうではないんだ。戦略や環境なんだと、思い至った。

佐藤ママの出現以降、学歴を素質のせいにすることはできなくなった。統計的に「佐藤ママの子供4人の素質が東大理Ⅲに入るほど優れている」とはいえないから。学歴は戦略や環境の問題。

戦略不足は戦術で補えない

私の人生最大の失敗は、20代を司法試験で潰したこと。「戦略」が間違っていた。どう間違っていたかというと、大学合格は「戦略のおかげ」であることを知らず、とても傲慢だったので〝司法試験なんか1年で受かるだろう〟とたかをくくってしまっていた。

そのきっかけは、ＴＭＩという今は五大大手の法律事務所が開設されたときに、縁があってそのＴ先生に会いに行ったことがある。私がたしか高校２年生の頃だったが、慶應を出たその先生が、司法試験は２年頑張れば受かりますよ、と言っていた。それを聞いて、この先生が２年なら私は１年で受かる、と（今思えばありえないほどの）傲慢な考えを抱いてしまった。

それで1年、それこそ死に物狂いで頑張って…落ちた。

１年しかやるつもりがなかったので、気力というかエネルギーが続かなかった。それでプラプラ？していた。モンゴルを彷徨ったり、勉強に身が入らず人生論みたいな本ばかり読んでいた。

戦略不足は戦術では補えない。いわんや、気合と根性では補えない、ということを知った痛い20代だった。

成功と失敗の関係

失敗は成功の母、成功は失敗の父。

特に若い頃の成功体験は、失敗の遠因となる。自らの能力を過信し、次の試練への備えが疎かになるから。禍福は糾《あざな》える縄の如し。

恥ずかしながら、私がまさにそうだった。

半年の受験勉強で東大法学部に現役合格したという成功体験が、司法試験の苦労につながった。東大受験時には伯楽に恵まれ、「戦略」において他の受験生より勝っていたお陰で、いい結果が出せたにすぎなかった。それに気づかず自己の能力を過信してしまった。まさに「成功は失敗の父」だった。

楽しんでいる姿を見せる

20代30代は苦労することも大事だ。でも40代からは、楽しんでいることを見せることも大事だと思う。これにより、弁護士という職業に魅力を感じてもらい、少しでも法曹を目指す人口の減少に歯止めをかけねば。法曹の質は司法の、つまり裁判の質ですから。

私が、ＩＰＢＡ（環太平洋法曹協会）とかＡＩＪＡ（若手国際弁護士団体）とかで女性とダンスをしているのをFacebookなどにアップしているのも、こういう国際弁護士団体の活動は楽しいよ、ということを後輩諸氏にアピールする狙いがあってのこと。自分が苦虫を噛み潰したように過ごしていては、後輩にも子供にもいい影響を与えられない。

私は今年50歳。

「人間五十年　下天のうちを比ぶれば　夢幻の如くなり」

信長の心境だ。義妹を亡くしたことも影響している。

いつかやろうと思っていたことを、いまやろう。短い人生。

閑吟集にも**「何せうぞ　くすんで一期は夢よ　ただ狂へ」**とある。

妻への感謝も、いつかやろうではなく、いま見える形で現そう。家族には「これ以上できない」ってくらい愛情を注いでいます！

人に何かを教える

偉そうに人に何かを教えるのは、実はそんなに好きじゃない。もっと、矢面に立って、三国志の張飛みたいに戦いたいと、いつも思っている。下（後輩）を見て楽に偉そうなウンチクを垂れる人生は嫌だ。それを忌避してきた。

でも、私の来し方を振り返ると、「人に何かを教える」ということを強みとしてきたのも事実だ。

1英語塾講師

18歳～25歳ころ、田園調布の藤井塾で。それなりの人気講師だったはず！

2野球部監督

私が大学2～3年のころ、母校桐蔭学園高校の軟式野球部。私が監督に就任する直前は、県大会一回戦コールド負け。ところが、2年間私が鍛えたら（その頃に私に殴られた選手、ごめんなさい）、そのチームは、高3の秋に国体で優勝した。

3伊藤塾講師

前半はゼミ長、後半は講師として、それなりに人気をいただいた!?

4空手指導員

もう20年もやっている。

論理的に、言語化して空手を教える技術は、それなりのものだと自負している。

5法律セミナー講師

法律、コンプライアンス、インテグリティ、英語交渉術など、弁護士として、今もいろいろなものを人様に伝えさせて頂いています。

これからも「人に伝える力」は強化していきます！

これは私のDNAなのか…私の両親が教師や講師だったから。

私の中山国際法律事務所でも、この「人に何かを教える」という長所を生かして、懇切丁寧かつ論理的な指導をしている。

日本に2万くらいある法律事務所の中で、中山国際法律事務所ほどきっちりした教育システムを採用しているところはないだろうと自負している。

国際弁護士の英語力

30代半ばでシンガポールに2年留学した。この留学で得たものはたくさんあるが、痛感したのは「国際弁護士に求められる英語のレベルは相当高い」ということ。たとえば、市場で競争優位性をもつ商材を売るメーカーなら、最低限の意思疎通ができれば商談は成立する。「商材」とそれ自体が強みを語ってくれるから。

しかし弁護士の場合、売るべき「商材」があるわけではない。自分のアタマだけが勝負。クライアントに共感しながら議論をリードし、深めていけるだけの英語力がなければ信用されない。

２年間の留学で改めて、国際弁護士の英語力の大事さに思い至った。

人の3倍働く

週に60時間くらい働いている。

平日は朝6時から、平均して夜6時くらいまで勤務。12時間。でも、うち1時間はジムだし、昼食等で延べ１時間は仕事していない時間。だから1日10時間。これが月から金の5日だから50時間。土日も、早朝6時から12時前まで働いて、うち1時間はジムなど。１日5時間を2日だから、10時間。

もちろん、出張とか、たまに夜更かしとかあるから、波はあるけど…。

こうして勤務時間を定量化したのは初めて。

定量化すると、必死で働いているように見えて、私は普通の人の1・5倍くらいしか働いていないと分かる。「人の3倍働く！」と志して弁護士になったけれど、たった1・5倍か…。

もっと頑張らねば、と気合を入れ直します！

悩みのアウトソーシング

日記やブログを書くことを「ジャーナリング」という。書き出すことで悩みが「見える化」され、癒し効果もある。書くことは、「悩みのアウトソーシング」と言える。

あと、ルーティンとしてブログを書いていてひらめいた。ブログを書くのは「論理のレゴブロックの組み立て」だということ。書いているうちに「あれ、この件、あまり論理的じゃないな」と自分で気づく。書かないと気が付かないことが多い。

寸鉄人を刺す批評でノーベル文学賞を受賞した作家ジョージ・バーナード・ショーも、「書かないと本当に考えることができない」と言っている。

I do not know what I think till I write it.

「書かないと、自分が何を考えているかわからない」。

書くことで、悩みや考えが自然と、より緻密になる。より論理的になる。書くこと自体に癒やし効果がある。みなさまも是非「書く」習慣を身に付けてください！

活字バカ

私は相当の活字バカだと思う。

たまに実家に帰るが、帰った瞬間から本か雑誌か新聞を読み始めるので、親に呆れられる。年をとるにつれて活字バカの度合いが高くなっているようだ。今でも、朝起きた数分後から、夜に寝入る直前まで、常に何か活字を読んでいる。多くはiPad のKindle での電子書籍。

なぜ活字バカか。好奇心が旺盛なんだろう。また意図的に、良質で大量のインプットをしようと心がけている。そうすれば良質のアウトプットができて社会貢献ができるから。

具体的には、年間５００冊読んで、毎日朝晩にはブログを書くことを自らに課している。ネットはおやつ、本は食事、全集が高級料理。無料のネットからではなく、有料の本から、良質のインプットをしましょう！

私の読書スタイル

年間５００冊読む私の読書スタイルを紹介しよう。

・基本はフォトリーディング
・「読む」というよりは「検索する」
・「今、自分が欲する情報があるか」を積極的に探しにいくイメージ
・それ以外は読み飛ばす
・「斜め読み」よりも「検索」に近い
・小説はほとんど読まない（フォトリーディングできないから）

頁を開いた瞬間に「あ、この頁に私の欲しい情報があるな（ないな）」は分かる。だから「斜め読み」すらしていない。もう30年前くらいから。

大学生時代に、歴史の本を１日10冊読んだ経験がある。当時は「フォトリーディング」という言葉はなかったけど、要するに今やっている「一目見て分かる検索」ができていた。これは要するにフォトリーディング。

20年くらい前、フォトリーディングが流行ったとき（神田昌典とか勝間和代が勧めていた）、フォトリーディングセミナーにも行った。しかし何も得るものがなかった…。要するに当時の自分はすでにフォトリーディングができていたからだろう。

フォトリーディングなら、ビジネス本を１日１００冊くらいは読める自信がある。もっと読めるかもしれない。

人生における可処分時間

独身時代は、仕事以外はほとんど可処分時間だ。私の場合、可処分時間の利用用途は、読書と運動がほぼすべてだった。

だから独身時代は、司法試験受験時代を除いては、年間３００冊くらい本を読んでいた。

それが結婚すると減る。本の冊数は覚えていないけど、年間１００冊くらいだろうか。子供ができるとさらに減る。年間50冊くらいまでに減った時期があったのかもしれない。

長男が生まれたのがちょうどシンガポール留学時代だったが、当時はゴルフばかりしていたし、日本の本もあまり手に入らないから、読書量は大人になってから人生最少だった。

結婚してから15年経って、長男14歳、次男12歳、一番下の娘が10歳になると、もう自活できる部分が多いので、ある程度子育ては楽になる。実際、40歳を過ぎてからの私の可処分時間はまた増えてきた。また、家庭も落ち着いて遠慮することがなくなった。

そのため、年間３００冊に復活してきた。それどころか、コロナで夜の付き合いが減ったため、コロナ後は５００冊くらいに増えた。

これから人生でどんどん可処分時間が増えるのだとすると嬉しい。それを執筆に充てて、世間様に還元しようと思っている。

成功の秘訣

成功の秘訣を訊かれて、ポップアートを始めたアンディ・ウォーホルは、

しかるべき時に、しかるべき場所にいること

と答えた。

たとえば、ビル・ゲイツ、スティーブ・ジョブズ、そしてエリック・シュミットなどＩＴ界の巨人。いずれも１９５５年生まれ。西海岸でビジネスをした。

しかるべき時に、しかるべき場所にいた。

私の子供たちも、ずっと日本で勉強するだけではなく、広く世界に雄飛して、いろんな価値観を学んでほしい。日本人１億人ではなく、世界の80億人を相手に勝負してくれい！

辛くても逃げるな

最近のビジネス本にはみなこう書いている。

「どうしても辛かったらとにかく逃げろ」

鬱《うつ》で自殺する人を危惧してのことだろう。

私はあえて逆張りする。

辛くても逃げるな。

少なくとも安易に逃げるな。戦え。仁義を切れ。正面から向き合え。

さもないとゴーンみたいになって、一生、取り返しがつかないことになる。逃げ方にも品位が出る。人間は、一度「逃げ」てそれに味をしめると、次からもそれを成功体験にして逃げ続けることになってしまう。信頼を得るのは大変なことだが、信頼を失うのは一瞬だ。何年も、何十年も築いた信頼は、本当に一瞬にして崩れ落ちる。逃げるなら、ちゃんと仁義を切ってから。

しかるべき仁義を切ってから逃げるなら、それはもはや「逃げる」とは言えないと思う。

俯仰天地に愧じず

「俯仰《ふぎょう》天地に愧《は》じず」という言葉がある。「臥しても仰いでも天地に恥じることがない」という、字義通りの意味だ。

本当に辛ければ、逃げるのもいいが「俯仰天地に恥じない」逃げ方をするべきだ。

逃げ方に人間性が出る。私達は、ゴーンから学んだ。あの逃げ方は良くない。信頼がなければ人は生きていけない。否、あえてキツめに言おう。

信頼がなければ人は生きるに値しない。

エスカレーター逆上がり

下りエスカレーターを下から駆け上がって、一気に登り切る。

絶対やっちゃいけないことだけれど、人生は、この「エスカレーター逆上がり」みたいなもの。気を抜くと、現状維持どころか低下する一方だ。司法試験や語学の勉強がこう表現されることがある。

気合を入れて駆け上がらないといけない。ここぞ、というときにはギアを上げないといけない。ダラダラと1日30分を毎日…などと、やっていてはだめだ。イザ、というときには1日20時間くらい頑張らないと。

何かを成し遂げたり、難しい資格を取るための「1万時間の法則」がある。1日9時間の勉強を毎日3年間続ければ1万時間。この1万時間も、3年でまとめて取った方が効果的。長い時間をかけて、ダラダラ取るのではなく。3年まとめて何かに没頭できるのも若いうち。

だから若者よ、挑戦は早めにやりましょう！

Be honest ツッコミ

朝４時からニューヨークと国際電話。電話といってもWhatsAppだ。無料だから。私の声で家人を起こしてはなるまいと、自宅近所を散歩しながら会話しようと思ったが、朝４時だけに、ちょっと近所迷惑になりかねないので、河川敷を歩きながら30分の会話をした。「河川敷を朝４時に徘徊しながらＮＹと国際会議」とは、オツなものだ。

相手のジョージはＮＹの60歳くらいのい老弁護士。タフな国際案件だから、率直な意見交換をしなきゃあいい仕事ができないんだけど、そのＵＳ弁護士が「To be honest...」と言った。ちなみに、To be honest とは「正直に言うと」などの意味だが、気まずいことや言いづらいことを打ち明ける際に使われることが多いため、良いニュースを伝える際にはベストな表現ではない。

そこで、私がとっさに、Hey, George, please be honest whenever you communcate with me. とツッコミを入れた。Frankly は言ってもいいけど、Honestly は勘弁してよ。Frank と Honest は違うだろう。ときにはフランクになれないことがあっても、常にオネストでいてくれよ。じゃないといい仕事できないだろ、という意味で。

アメリカの老弁護士に朝４時から電話で Be honest ってツッコミを入れる。こうやって朝４時からハイテンションで仕事できるのが私の強み。

この「Be honest ツッコミ」は、５年前にはシニア弁護士への遠慮があって、できなかったかもしれない。私の成長の一里塚として、記録しておこう。

自分の価値観を明らかに

中山国際法律事務所を設立して10年。私の名前を冠しているが、あまり私の個性とか好みとかを出さないようにしている。永く続く事務所にするために。ところが最近は、私の「好み」を前面に出してもいいのかな、むしろ出したほうがいいのかな、と思うときがある。

パーパス経営の時代。パーパスって要するに「何が好きか」とも言える。インテグリティとは偽善ではなく本音で語ること。だから、「自分がどういう人間が好きで、どういう人間と一緒に働きたいのか」というのは、むしろ隠さずに公言したほうがいいのかなと思い始めた。

いい／悪いと、好き／嫌い、は別。それを峻別するために、私の好悪はむしろ隠してきた。言わなかった。でもむしろ言った方がいいのかな、と方向転換をしている。

だから先日スタッフに、この事務所を開設して7年（当時）で初めて、私の好みを告げた。「私はスカッとしている人が好きです」と。スカッとしているとは、潔い、明るい、堂々としている、そんなニュアンス。

人間は弱いのですぐ言い訳をする。でもスカッとした人は言い訳しない。無用な言い訳を減らすために、私の好みを伝えてみた。

そのうち「スカッと法律事務所」に名前を変えるかもです！

位置エネルギーより運動エネルギー

藤原和博さんが、『45歳の教科書』で「教育改革実践家」を名乗るようになった経緯を**位置エネルギー（肩書）ではなく運動エネルギー（何ができるか）**で自分を表現したかった、と書いていた。これは素晴らしい発想。過去ではなく、未来。私も自分の実績や肩書ではない、「自分には何ができるか」「今何をしているか」を重視しよう。

つまり、多くの人の自己紹介が「過去紹介」だということ。「私は○○します！」という元気あふれる「未来紹介」をしたらいいと思う。

「過去」紹介はしない

岩井俊憲さんが行っているアドラー心理学講座で、受講者の年配の女性が、自己紹介で「歩くパワースポットになりたい」と仰《おっしゃ》っていた。

すばらしい。自己紹介で、将来を語るところがまず素晴らしい。９割の人間は、自己紹介で「過去」紹介をする。「未来」紹介はしない。しかし、この女性は未来を語っていた。初対面の人を前に。

初対面の人を前に、夢、将来、志を語れるだろうか。多くの人はそんな準備ができていないのではないか。自己紹介では「過去」紹介をするのではなく「未来」紹介をするのが望ましい。

「自分をどう自己紹介するか」を考えるのは、いい振り返りになる。我々は「過去の自分」のみを自己紹介で語りがち。職歴、学歴、実績…でもそれって本当に「自己紹介」なの？「過去紹介」では？

ちなみに私は、その女性の後に、自己紹介で「踊るパワースポットになりたい」と言っておきました（笑）。

4年前、コーチングを学ぶ際には、私は以下の自己紹介をしました。

「のび太っちゃん」と呼ばれたい中山達樹です。神奈川出身、47歳、3児の父、極真空手指導員17年、ブロガーも17年、インテグリティ・エバンジェリスト、日本を明るくしたい、夢見る夢男、打倒イエス・キリスト、ウクレレ学んでます、学童野球コーチ、体脂肪5％、絞りすぎて帯状疱疹になった。毎朝ジム1時間、毎朝家族に筆で置き手紙。シンガポールに2年、国際弁護士事務所代表、年間360日（元旦も）事務所に行くワーカホリック。毎朝3時起き、今年読んだ本350冊くらい。笑って死にたい、そのために後悔したくない、そのために1秒たりとも無駄にしたくない、でも先日乗る直前まで仕事して、飛行機に乗り遅れた。人と同じことはしたくない、だからスーツは白、与える者は与えられる。人を幸せにするのが幸せ、

「のび太」のように人に頼る力を身につけて、「突っ込まれビリティ」を磨きたい、だからツッコミお願いします！

ドラえもんの「のび太」のように、人に頼る力を「のび太」力という。人間は一人では何もできない。人に頼る。人を巻き込む。そのためには可愛気がないと。また、「応援したい」と思ってもらうために、日頃から精一杯頑張ってないと。

これからも「のび太」力を磨きます！

エネルギーの源泉

中山さんはなんでそんなに頑張るのですか？

と訊かれることがある。

私の回答はいつも以下の二つ。

１貢献したい／人を幸せにしたいから

私の幸せは、人を幸せにすること。

できる限り多くの人を、できる限りたくさん幸せにすること。

袖振り合う人を、喜ばせること。

すれ違う人を、笑顔にすること。

すべてはそのために、自分を使う。世のため人のために貢献する。

文化文明の進歩に寄与する。

勇ましく高尚なる生涯を送って、後世の人に「こんな人がいたのか」と思ってもらう。

2 笑って死にたいから

私の究極の目標は、笑って死ぬこと。

死ぬ瞬間に、できれば家族に対し「ありがとう」と言って、莞爾《かんじ》かつ従容《しょうよう》として、眠りにつく。

そうやって笑って死ぬためには、後悔したくない。

後悔しないためには、時間を無駄にしない。

1分たりとも、1秒たりとも、無駄にしたくない。

今ここで、たとえば心筋梗塞で死んだとしても、悔いなく笑って死にたい。

政治家の道

10年ぶりに会った知人に「あれ、まだ政治家になってないんですか」と言われた。政治家になるなんて一言も言っていないのに。私の振る舞いや言動が政治家チックだったり、政治家向きだと思われたのだろう。

「政治家になったら」と私に言ってくれる人は今まで１００人くらいいらっしゃった。まあご縁があれば考えてもいいけど、弁護士を17年も頑張っていると、お客様＝顧問先がいらっしゃるので、そのお仕事をどうするかって問題はある。

職業は何でもいいですが、世のため人のためにできる限りの社会貢献をしたいです！

弁護士は「不自由業」？

弁護士は自由業だが、実は転職・転勤とかを考えると不自由業。会社員なら転職してすぐ自動的に毎月の給料が振り込まれるが、弁護士が仮に東京から北海道に転勤（東京の弁護士会から北海道の弁護士会に登録替え）しても、すぐにお金はもらえない。

そこからどぶ板営業（？）をして、お客様を得るまで、一文無し。転職していちど顧問先を失うと、また新たに顧問先になってもらえるかという不安もあり。こうやって「生活」の不安は常に潜在的にはある。不安定な自由業だけに。

それだけに、どこに行っても、何があっても通用するように、常に自分を磨いています！

リスクを取る

私が学んでいるスタイルクルーズというコーチングスクールで、２か月くらい、自分磨きというかスタイル磨きをして、思う。私の「自分らしさ」「スタイル」の一つは、「リスクを取ること」ではないかと。

なぜなら、私は

・法曹資格を持っている

・英語も使える

・クライアント様もたくさんいらっしゃる

・株主がいるわけではない（私がオーナー兼社長だ）

・自分が取ったリスクは全部自分に返ってくる

・独立して8年（当時）、お陰様で順調

・インテグリティというだれにも負けないコンテンツがある

これらのため、構造的にというか「リスクを取れる」体制にある。その〝ゆとり？〟がある。そして、しがらみがない。

人様から批判されるような案件を引き受けることができるのも、自分が「リスクが取れる」状態にあるからだ。

・リスクが取れる者がリスクを取らないで、だれがリスクを取るんだ

・勉強できる者が勉強しないで、だれが勉強するんだ

・金を出せる者が金を出さないで、だれが金を出すんだ
・体力ある者が体力使わないで、だれが体力を使うんだ
・○○できるものが○○しないで、だれが○○するんだ

これらすべて、自分で言うのは誠に口幅ったいのだが、ある意味の「ノブレス・オブリージュ」だと思う。こう考えると、ノブレス・オブリージュとは「乃公出《だいこう》でずんば」（オレがやらなければだれがやる）の気概とほとんど等しい。

おかげさまでリスクを取れる状態にある。

だから私はリスクを取る。取り続けます。

それが私の「自分らしさ」であり、「スタイル」だと考えている。

人生は闘争なり

格闘せよ。

自堕落で放縦で安逸で小乗的な生活に満足するな。勇ましく高尚なる生涯を歩め。今一度自問自答せよ。

弱い自分と闘っているか？

勇ましく闘う背中を、次世代のだれかに見せているか?

私が尊敬する松永安左エ門は「人生は闘争なり」と大書して慶應義塾大学を退学して人生を始めた。

みなさんは何かと闘っていますか。私は闘っています。
・日本を覆う同調圧力と
・不条理な政府・裁判所と
「人生を懸けて闘う相手」を見つけられれば、やり甲斐・生き甲斐を感じられるだろう。

時代に流されない

2・26事件のときの陸軍大臣・川島義之は、叛乱軍蜂起後、天皇陛下に奏上する際、あたかも叛乱軍を支援するかのようなことを言った。大臣が叛乱軍支援って…。

今日的価値観から見ると「信じられない」感覚だが、当時は、叛乱軍が天下を取る可能性も肌で感じられていた。だから、結果論だけから川島を責めることはできない。彼は、2・26事件後、責任を取って予備役に。時代の中に埋もれた大臣。

でも嗤ってられない。

いつの時代にも、時代に流される人はいる。お札になった渋沢栄一や松下幸之助には妾（二号さん、愛人）がいた。今の価値観からははしたない振る舞いだが、明治・大正の偉人も時代に流されたのだろう。私だって、時代に流されている部分があるかもしれない。最近知ったのは、日本で喪服が黒になったのはこの80年。その前は中国の伝統に従って白だった。

自分を持つ。自分で判断する。時代に流されないために大事なのは、大局的な歴史観だろう。

非国民と誹られても

批判される案件を引き受けることにより、クライアントを失う。それはジョン・アダムズ第二代アメリカ大統領も経験した。

このジョン・アダムズ（ジョン・クインシー・アダムズ＝第６代大統領の父）は、弁護士時代、ボストン虐殺事件で、イギリス軍側の弁護に立った。

アメリカ建国時に、イギリス側とは！

アメリカ的な価値観からすれば、「国賊」「非国民」の誹りがすごかった。だからジョン・アダムズは他の仕事を失った。

しかし、長じて第二代大統領になった。

ボストン虐殺事件の詳細や、イギリス軍の味方をすべきだったかの是非はともかく、「天は見ていた」ということだろう。

海外にはキャブ・ランク・ルール（cab rank rule）があり、タクシー運転手が乗客を断ってはいけないのと同様、弁護士は依頼を受けた案件を「クライアントの評判が悪いから」という理由で断ってはいけないというルールがあったりする。アメリカの弁護士が、非国民と謗《そし》られながら敵国ソ連のスパイを弁護して活躍した『ブリッジ・オブ・スパイ』という映画もオススメです！

年間３６０日勤務

８月１日は、事務所創立10周年。

「家族に感謝する日」として休日に定めている。

でも、早朝から朝８時まで、事務所に来てしまった。私の悪い点の一つがこの presenteeism。毎日仕事に来てしまう。年間３６０日勤務をここ10年は続けている。

ちなみに、presenteeism とは休んだ方がいいのに出勤してしまうこと。生産性低下につながる。

こんなに事務所に来る弁護士は、日本の４・５万人の弁護士でもそんなにいないだろう。否、世界を見渡しても、そんなにいないだろう。むしろ、欧米人はみんな長期休暇を取る。

オンリーワンの世界最高を目指して頑張ってます！

心が折れそうになったとき

超強気に見える私でも、実は、恥ずかしながら、数年に1回くらい、心が折れたり萎えたりしそうになる時がないわけではない。かつて何が理由でその状態になったか覚えていないが…。

そんな「心が折れそうになったとき」の私の対処法は、単純だ。

―よく食べて、よく寝る―

無理なダイエットをしていると、覇気が出ないことがある。睡眠不足でも、もちろんだめ。あと、運動不足も、やっぱり、覇気が出ない原因になりうる。

つまり、覇気が出ない原因は、

１睡眠不足

２運動不足

３栄養不足

のどれかと考えている。これら睡眠・運動・栄養をがっつり補うと、だいたい翌朝には覇気が復活しています！

カラ元気も元気のウチ

元気は出るものではなく、出すもの。

カラ元気を出しているとそれが元気になる。元気があるから元気を出すのではない。元気がなくても元気を出す、そう、カラ元気を出す。

カラ元気は「ゼロイチ」なのです。つまり、新しい価値を作り出すのだ。

気合だ。根性だ。意地だ。

これは30年前の桐蔭学園中学校野球部で体得した。

水も飲まずに、真夏の炎天下で延々と外野ノック…声を出さないと先輩にどやされた。のどが渇いてつばも出ない状態だけど、声を出して頑張った。

あの時の精神論は、「ゼロイチ」を鍛えるのにとても役に立った。あの理不尽な真夏の猛特訓が、カラ元気を生んだ。元気は「出る」ものではない。元気は「出す」ものだと知った。

パワハラな先輩と理不尽なシゴキに感謝するばかりである。

恵まれている

最近とてもたくさん仕事をいただいており、体力の限界を毎日試している。

ちょっとは休みたいよ… と思うときもあるが〝自分ってとても幸せなんだなあ〟と客観的に眺めてみる。

なぜ自分が恵まれているかというと、

・1日100時間くらいあっても終わらないくらいのたくさんの量のお仕事をクライアント様からいただいている
・それをやればやるほど（仕事を片付ければ片付けるほど）売上につながる
・着手金・報酬金で受任している件とか、顧問先の定額報酬の件もあるけど、時間制報酬の件も多い
・要するに、体力と気力の続く限り、仕事をすればするほど、売上になる仕組みになっている
・ボスなのでだれにも指示されずに自分のペースで仕事できる。つまり24時間が自分の思いのままだ
こういう仕事をできる人は、数百人に一人くらいなんだろうと思う。百人に一人もいないかな…。

恵まれた身体と能力に生んでくれて育ててくれた親には感謝しかない。

ラックマネジメント

直訳すると〝運の管理〟。

ラックマネジメントという言葉は、松永修岳さんやファーストヴィレッジ市村洋文社長などが使う。「朝4時半に起きて6時には会社に行くというのが私のラックマネジメント」と語っているのは市村さん。まあ自己暗示のようなものだ。

そうやって運気を呼び込もうとしている、そうすればいい運が開けると思いこんでいる。主観的な思い込みと考えていいだろう。

運を信じるとか、運をあてにするわけではない。でも私のラックマネジメントがあるとすれば、朝3時前に起きて、起床後30分以内に事務所に出勤すること、かな。

その他に、毎日懸垂などの筋トレを日課としているのも、筋肉量と体調の維持のためもあるけれど、それが私のラックマネジメントだと無意識に思っているからかもしれない。

自分に恥じない

コロナ禍では、私もパフォーマンスが全開ではなかった。仕事のスピード感にやや不満だった。自分の不甲斐なさに毎日忸怩たるものがある。しかし、自ら恥じない生活は送っている。自分なりのベストは毎日尽くしている。たとえば、正月から毎日事務所に来ている。土日祝日も1日も休まずに。俯仰天地《ふぎょうてんち》に愧《は》じずだ。

だからあまりストレスを溜めずに、自分を責めすぎないようにしよう。

人生はどこでギアを入れるか

息子たちがもう塾に通っている。小学校2年生と4年生（当時）なのに。

私の感覚からすると、そんな早くから塾になんか行かなくてもいいのでは…と思うけど、今は受験も難しくなり、塾も低年齢化しているので、これも時代の流れだと諦めてはいる。

とはいえ、小学校で勉強しすぎるのは…。All work and no play makes Jack a dull boy（勉強ばかりで遊ばないと子供はダメになる、よく学びよく遊べ）と言うではないか。

十で神童　十五で才子　二十歳過ぎればただの人

というたぐいの人間は、これまでたくさん見てきた。世界の偉人でも、小学生時代にガリ勉していた人は、むしろ少数派ではないだろうか。小学校時代にロクに勉強していなかった人の例として、日本ではニトリの似鳥昭雄さんや楽天の三木谷浩史さんなどが思い浮かぶ。

弁護士でも、私の世代の旧司法試験組には、20代に司法試験で頑張りすぎたせいか、30代40代で輝いていない弁護士が多い。私も戒めないといけない。

こう考えると、「人生で発揮できるバイタリティの総量は決まっている」という仮説が立つ。「人生で辛抱できる我慢の総量は決まっている」と言い換えることもできる。「人生で発射できる精子は一升瓶の量だけ」という都市伝説と同様に…。

いずれにせよ、偉人の人生なんて、ジェットコースターのように上り下がりが多いのが定番だ。小学生で上がりきって、中学高校大学で下がるのだけは勘弁してもらいたい。

人生でギアを入れなくてはいけないのは、やっぱり20代30代かな。10代ではないし、いわんや、10歳前の、低学年中学年ではなかろう。

よく学び、よく遊べ！

ロールモデルを持とう

歴史上の人物でも、実在の人物でもい。単に「尊敬する人物」よりも、より自分に近いというのか、この人のようになりたい、と強く思う人を持つといい。ロールモデルだ。

迷ったら「その人ならどうするか」を考えて、指針にする。

たとえば、織田信長とか坂本龍馬とかをロールモデルにするなら、「信長なら、匿名でTwitterやるかな?」とか「龍馬なら、こんな批判的なTweetするかな。批判する前に、まず自分が何かを行動に移すのではないかな」とか、考えてみる。

多くの偉人伝を読むと、優れた人物には、こうやってロールモデルを持っている人が多い。歴史上の偉人はみんなそうだったのだと思う。

私も、批判の強い案件を引き受ける前に、私のロールモデルのガンディなら引き受けるかな?は考えた。彼なら逃げないはずだ、と思ったので引き受けた。ご参考に!

人生でいちばん大事なのは…

人生でいちばん大事なことは何だろう。

結論から言うと「自分を信じること」では。

自分で自分を見限らないこと。勝手に自らに限界を設定しないこと。

いま私が、息子娘に一言だけ遺言を残すとしたら、この言葉を選ぶだろう。他には「迷ったら辛い道を行け」も候補だ。

私もこの「自分を信じる」という言葉に助けられたことがある。20歳そこそこで、司法試験の受験を始めたときに、合格者の先輩が「中山くん、この世界はね、何があるかわからない。でも、何があっても、自分を信じること」と教えてくれた。伊藤塾でクラスマネージャーだった根津さんの言葉だ。今は渥美坂井法律事務所・外国法共同事業って立派な事務所の大パートナーだ。

私も想定よりだいぶ合格まで時間がかかった。受験を失敗するたび、この言葉を思い出した。今流行りの「セルフ・コンパッション」（ありのままの自分を受け入れること）も、要するに「自分を信じること」に近いのではないか。

私の場合、加齢でやっぱり人間としてのキャパに翳りや衰えが見られる。たとえば家族との夕食後に眠くなってしまうとか。それで気力不十分なのかと自己嫌悪になることもあったけれど、最近はもうこの状態を認めること、許すことにしている。

朝3時半に起きているんだから、夜8時半に眠くなるのは当たり前だ。17時間起きているんだから。

朝7時半に起きた人が、夜の12時半に眠くなるのは、まあ自然じゃないか、と考えて、セルフ・コンパッションしている。

適度に自分を慰めて、自分への自信を失わないようにしましょう！

いつまで童心を持ち続けられるか

笹川良一の伝記を読んでいる。この人は、生涯本気で世界平和とか青臭いことを言っている。童心を持ち続けている。

先日私の長男が、「ノーベル賞と、国民栄誉賞を獲る！」と豪語していて、誠に微笑ましかった。〝本気で信じ続けな〟と親バカの私は思った。

人生は「いつまで本気で童心を持ち続けられるか」が勝負だ。志は、塩のように溶けやすい。みんな大人になって、変に老成して「自分はまあこんなもんかな」と、自分を見限ってしまう。自己満足に浸る。自己正当化する。論語にいう「今、汝は画《かぎ》れり」だ。

私もピュアでナイーブな童心を持ち続けないと。それを本気で信じ続けないと。

Japones garantido

この「ジャポネ・ギャランティード」は、ブラジルで使われる、日本人の信頼を表す言葉。日本人 Japanese は Guaranteed 信頼できる、保証できるよ、というポルトガル語。私が中学生の頃に、私の愚父が次のように言っていた。

・ブラジルの人口は1億人。その1％の100万人が日系人。
・他国の人や現地人にはアパートを貸さないけど、「日系人なら信頼できる（ポルトガル語でGarantido）」と言って、日系人にはアパートを貸してもらえる。
・それくらい日本人は世界で尊敬されている。

Japones Grantido は、私の国際業務と、インテグリティの原点だ。仕事を通じて、日本人の高潔さを世界に伝えたい。

Think week

ささやかな将来の夢。ビル・ゲイツのように、Think week を設け、1年に1週間、本だけ読む時間を取りたい。

やろうと思えば、今からでもできるのかもしれないが…。今年のお盆休みに、裁判所も夏季休廷になることだし、それに合わせて Think week を設けようかな。優秀なアソシエイト弁護士も入所して体制が充実してきたことだし。

通常業務を離れ、デジタルデトックスして、本の世界に沈潜する。いつかやりたいことの一つです！

社会への貢献

いろんなコーチングを受けていると、自分をより明らかに知ることになる。

私の場合は、「社会への貢献」を思う気持ちが人より強いようだ。先日、コーチにそう指摘された。たしかに、司法試験に苦労している20代のころも、まだ何者でもない司法浪人なのに「世直しをしたい」と粋がっていた。

若者が粋がらないと世の中は良くならない。いや、老人も若者に負けずに粋がらないと世の中は良くならないのかも？

枯れた老人ばかりだから日本が衰退しているのかも。老人が、老害を撒き散らすのではなく、いい方向で「粋がる」ことが、日本復活の狼煙《のろし》となるはず！

私ももう50歳で、日本人の平均年齢を超え、老人の部類に入ってきた。「粋がる老人同盟」でも作って日本を引っ掻き回すかな！

人生の半分は習慣

メンタリストDAIGOが言っていた「人生の半分は習慣」。

半分なのか3分の1なのか3分の2なのかはともかく、人生の大部分を習慣が形作っているとはいえよう。いい習慣を身につけること。悪い習慣をやめること。人生はこれに尽きると言っても過言ではあるまい。

と偉そうなことを言う前に、私の習慣を、朝から順番に振り返ってみると

・懸垂（自宅階段の梁で。一日三回。というか階段を降りるときはほとんどやるようにしている。）
・タイピング（右手小指でキーを打つ）
・ブログを書く（半日に一度はアウトプットを心がけている）
・ＨＩＩＴジム（ストレッチと合わせて１時間）
・執筆１頁（最近できるようになってきた）

あとは中国語の勉強などもしたいけど習慣化できていない。読書は当然すぎる（合間には常に何かを読んでいる）のでここに書くまでもない。

私は３か月に一回くらいは「最近身につけた習慣は何か」を自分に問いかけて、いい習慣をどんどん増やしていっている。今挑戦しているのは、真向法と半跏趺坐《はんかふざ》です！

朝のルーティーンを少し変えた

暖かくなってきたこともあり、まずは１階の書斎で読書をする。暖房なしで使える季節になった。

そこでiPad Proで新聞読んで（日経電子版は毎朝3時配信）、ブログ書いたりKindle書籍読んだりで30分くらい。

その後1階に降りて、ダイニングテーブルでブログ執筆とか読書を続ける。これも30分くらい。

こうして1日の最初の1時間をINPUT／OUTPUTにあてている。

サッカー元日本代表監督の岡田武史さんの名言。

「批判されると人は成長する。でも、批判する人は成長しない」

40歳になって経営者になった。それ以降、批判してくれる人が少なくなった。それが私の課題だ。スタッフが忌憚ない意見を言ってくれるのは嬉しい。

私がたまに古巣の三宅・山崎法律事務所の先輩方を訪れて挨拶しているのは「批判されていた時代の私」のメンタリティに戻って「批判される」のと同じ効果を求めているのかもしれない。先日も元ボスの三宅能生《のぶお》弁護士のところに挨拶に行った。

古巣を辞めて10年くらい経つが、それでも挨拶に行くことができる尊敬する先輩を持ったこと、ロールモデルを持てる幸せを思う。

何に挑戦していますか

今、何かに挑戦していますか？　という問いに常にＹＥＳと応えたい。特にここ10年は自分にそう言い聞かせている。シンガポールから帰ってきて、自分のエッジを立てて営業活動をしていくためにも。人は挑戦して生き生きしている人の周りに集まるものだし。

同様の質問として、「何かにワクワクしていますか？」とか「何かと闘っていますか？」がある。ワクワクが初級、挑戦が中級、闘いが上級ですね。

丑三つ時弁護士

今日も丑三つ時（朝２時）に起床。ノンアラームで。寝たのは22時15分ころだから、３時間45分睡眠。

睡眠時間平均は、今月は４時間23分、先月12月は５時間28分。とiPhoneデフォルトのアプリ「ヘルスケア」が教えてくれる。丑三つ時に起きることをトレードマークにして、中山丑三つ達樹ですと自己紹介しようかな…。

この早起きは、天が私に「クライアント様のために働け」と命令していると受け取っている。

今、私が挑戦しているのは…

・茶道（体験レッスンした）
・ボトックス注射（予約手配中）
・目の下のクマとり（同上。赤坂ステラクリニックに行く）
・シミ取り（夏に近づいてきたから辞めたほうがいいんだろうか）
・鼻毛脱毛（Personal Assistantさんに探してもらっている）
・逆立ち腕立て（壁に向かって逆立ちして鍛えている）
・体脂肪率ヒト桁（GWまでに！）
・経理倫理士（合格しました）
・電子書籍出版
そのうち挑戦したいのは
・スノーボード（子供たちと行きたいなあ）
・合気道（むかし見学はした）
・新極真空手二段（爺さんになる前に受けないと…）
・東大EMP（学童野球コーチ終わったら必ず！）
・セカンドハウス（本が増えたので自宅近くにアパート借りて書斎にしようかな）

挑戦したいことに挑戦する秘訣は「予約を入れること」（スタッフに入れてもらうこと）ですね。いつか行きたい、と思ったら即、予約を入れる。ライフハック的に、「思い立ったらすぐ予約」は大事！

40歳を過ぎたら習い事をしよう

40歳になると、職場での地位も落ち着いて、経済的にも安定し、何事にもチャレンジしない人が多くなる。イキイキ・ワクワクしている人が減る。だから、40歳を超えたら「習い事をする」のを自分に課したほうがいい。

私はちなみに、ウクレレ、コーチング、アドラー心理学を習っている。次にチャレンジしたいのが、バイオリン、合気道。

アラフォー、アラフィフになったら、意識的に自分にネジを巻いて、ステージを上げようとしないと、停滞して落ち着いてしまって、おっさんおばさん臭くなる。いつも心は青春を！

いつまでも若く

クライアントに美容整形業界の方がいらっしゃる。その方とディナーさせていただき、いろいろ業界のことを教わった。

「何でも挑戦する」ことをモットーにしている私は、ボトックス注射というのに挑戦する。日の下のクマを取るのも相談しよう。私の中山国際法律事務所近くの、赤坂ステラクリニックというところがとても評判がいいらしい。柳下先生がとても研究熱心だとか。

40代男性弁護士とランチしたとき、このネタを話したら、あらまあ、びっくり。その弁護士先生は、すでにボトックス注射にチャレンジされている。男性でもボトックス注射を施術するようになっているようだ。

私は、弁護士になった当初、独身なのに左手薬指に指輪したりして、「年上に見られること」を装っていた。それが18年くらい経って、今は、いつのまにか「若く見られる」ことを装うようになってきた。髪の毛を短髪にして白髪を目立たないようにしたり。シミ取りにも挑戦したり…。

日本人の平均年齢が48歳だから、私も平均を超えるオジさん世代。いつまでも若手気取りではいられない…。

無理な若作りはみっともないですが、やっぱり人間の本能なんだろうか、若々しくありたい。

白スーツ定着

上場会社の社長さんにインテグリティの説明をしに行くとき、まあ財閥系の老舗の一部上場企業で、社長が60歳だから…と思って、遠慮して忖度してダークスーツで行った。そうしたら、

「なんだ、白ではないのですか。どんな派手なシャツで来るかと期待してたのに」

と、拍子抜けしましたよ的に言われた。上場会社の１０００人規模を対象にしたインテグリティ研修でも、「ダークスーツと白スーツとどっちで話したほうがいいですか」と担当者に聞くと「白でお願いします」と言われる。

白スーツを着始めて7年くらい。白スーツが浸透してきた。板についてきた、というべきか。もうインテグリティの話は白以外ではしないようにしよう。

仕事が早い弁護士

12歳くらい上の、三宅・山崎法律事務所時代の先輩弁護士が、私を評して、第三者に「中山さんは仕事が早い（し、礼儀も正しい）」と仰ってくださったらしい。人づてに聴いた。

そうか。私は「仕事が早い」と思われていたか。もちろん他の弁護士に負けないスピードは目指していたけれど、いざそう明確に耳にすると、嬉しいものだ。なお、三宅・山崎法律事務所でその先輩にお世話になったのはもう10年も前。

10年経ったけど、今もスピードと情熱は衰えていない自負はある。それどころか、業務効率化を突き詰めて工夫してきたので、その意味でスピードは上がっているはずだ。

でも今は、スタッフの人数の割には業務が増えて、ちょっとキャパいっぱいで、クライアント目線ではとても「仕事が早い」とは言えてない状況が続いている。

「仕事が早い中山弁護士」の定評は譲らないようにしないと。今、朝2時だけどもう出勤します！

失敗を自分に課す

常に自分に失敗を課すようにしている。毎月の「失敗リスト」を作っていたこともあった。失敗は挑戦の証だから。失敗していないということは挑戦していないということ。

挑戦すれば成長する。だから失敗すれば成長する。

昨晩は2200円払って、オンラインのNLPセミナーを申し込んだ。ううーん、失敗だったかなあ。オンラインだとやっぱり学びが少ない、というより刺激が少なく寝てしまったし。オフラインが選べたようだ。現地のセミナー会場に行って強制的に自分を「全集中」させないと。オンラインだと内職とかしてしまう。

今回の学びは失敗リストに加えよう。

さて、次の失敗は何かなあ。

ネクタイを取って世界を変えよう

バブル後の失われた20年の閉塞感と停滞感を打破するための、以下のような組織変化論は、日本の至るところで、言われてきている。

・空気を読まないのが大事
・Think out of the box しよう
・Think different しよう
・バカモノ　よそもの　若者　が世界を変える
・クレイジーでいよう　／　Stay foolish でいよう
・ダイバーシティを認めよう

でも、10年20年経って、何も日本は変わらない。

その途中でGoogle の「スーツがなくても真剣になれる」が有名になった。15年前ころから、カジュアルな服装もだんだん許容されるように。ホリエモンが逮捕された２００６年と今とはだいぶ価値観が違ってきた。

ちなみに、クールビズを環境省などが言い出したのも、２００５年。この20年で服装に対する考え方もだいぶ変わったようだ。

私も5年くらい前にシリコンバレーのシンギュラリティー大学に行ったころから、さらにその考えを加速させて、

スーツ着て ネクタイ締めて 世界を変えられるのか？

なんて考えるようになった。まあそんな問題提起を世間に対して発信している。

同質性→同調圧力強い→リーダーシップ弱い

異質性→同調圧力弱い→リーダーシップ強い

という関係があるだろうから、私もリーダーシップが強い世の中を実現しようとして、白スーツを来ている。カーネル・サンダースと、矢沢永吉とともに。

Be outrageous！

メルカリで革のペンケースを買った。３００円プラスで刻印を入れてくれると書いてあったので、

Tatsu - Be outrageous！

と、いつもの文字を入れた。Outrageous は「並はずれた」という意味。反対後は Mediocre（平凡・陳腐）。Mediocre であってたまるか。Mediocre をあらゆる意味で拒絶するのが我が人生なり。

普通の人生を送りたい人、普通の人間で終わりたい人はいない。では普通の人間にならないためには、どうすればいい？　そのためには、普通ではない一日を送ること。

普通でない一日を送るため、そのために普通でないことをするために、いつも自分に Be outrageous！って語りかけています。

「人と違う」ことをする

朝2時起きが習慣化できてきた。朝2時起きはとてもいい。生活すべてが「人と違う」ことでありたいと願っている自分としては、こうやって「人と違う」ことをしているだけで気分がいい。

私が「人と違う」ことをしてきたことをまとめてみると…

・野球（中学時代の実績…まあこれは強いチームにいたというだけだが、全国制覇チームのレギュラーだったというのは人生の自信になっている）
・大学受験（文系最高峰を目指した）
・野球部の監督（2年間鍛えた生徒の高校生が全国制覇してくれた）
・司法試験（一番難しい試験にチャレンジした）
・極真空手黒帯（極真の黒帯は、極真入門者の100人に一人くらいですかね。日本一の名門・城南川崎支部で黒帯をいただいたのは私の誇りの一つ）
・シンガポール留学（日本人では私が3人目くらい）
・アジア労務セミナー
・海外腐敗防止セミナー
・世界の競争法セミナー
・フィリピン、バングラデシュ、ミャンマーなどの法務セミナー

・海外子会社管理セミナー
・グローバル・ガバナンス・コンプライアンスセミナー
・インテグリティセミナー
・インテグリティを活用した社内部長研修・ワークショップ
・短髪（白髪隠しだけど）
・首相官邸隣に事務所を構えて
・会議室の壁一面のガラスボード
・スタンディングデスク（椅子はない）
・5連モニター（計135インチ）
・会議室チェアは白い本革
・白いスーツに白い靴
・派手なシャツ
・毎朝夜明けとともに国会議事堂周りをランニング
・家を出る前には筆で家族に置き手紙
・自転車通勤→自動車通勤
・毎朝7時に必ずHIITジム

・昼ころに1日2度めの国会議事堂一周ラン（これで1日5キロ走る）
・炭水化物食べないで高校時代の体重維持
・100キロマラソン走破
・トライアスロン（オリンピックディスタンス）走破
・新極真空手の指導員を20年
・ゴルフは初めて2年ちょっとでベスト82まで行った（今は100も切れない…）

と、朝2時45分にブログに書いてみる。朝風呂入ってこれから事務所行こう。

執筆で成長

2021年12月に、つまらないコンプライアンスを変えようと思って『インテグリティ　コンプライアンスを超える組織論』（中央経済社）を執筆した。

本を執筆するにあたって、参考になりそうな本をたぶん200冊くらいは読んだ。そのうち参考文献として掲げたのが100冊くらい。4頁と半分、参考文献をびっしり書いた。これだけ目的意識をもって読み込むと、いつの間にか組織論・組織改革論・リーダーシップ論・コミュニケーション論の専門家を自負できるようになった。

私ほど組織活性化のことを考えている人間はいないんじゃないか。組織活性化に重要な「言える化」の仕組み化を私ほど掘り下げている人はいないんじゃないか。

こう自負できるようになっただけでも、一冊の本を書いた価値がある。この本は、私がインテグリティセミナーで何年も語っていたことを骨子に構成しているが、執筆するBEFOREとAFTERでは私の成長度が格段に違う。執筆前に私が使っていたインテグリティセミナーの資料なんか、もう稚拙すぎて恥ずかしくて見れないくらい。

本の執筆というアウトプットをすることで、たくさんのインプットをすることができ、そのお陰でとても成長できた。何事もアウトプットは大事ですね！

AIに代替できない能力

現代の急速なテクノロジーの進化を背景に、近い将来、様々な職業がAIに取って代わると言われている。すでに機械翻訳はTOEIC950点程度の精度があるし、法的にセーフかアウトかといった単純な判断なら、AIでも可能だ。これからの時代は「AIに代替できない弁護士になる」という課題を乗り越えなければいけない。

AIには提供できない価値を提供できる弁護士になるために、私が大事にしているのが「Inspire（鼓舞）する」こと。そもそも弁護士事務所に駆け込むクライアントは、何らかの深刻なトラブルを抱えて落ち込んでいる。そういう人に対し、法律のプロとして的確なアドバイスをした上で、さらに「今まで大変でしたね。でも、大丈夫。きっと何とかなりますよ」と言ってあげられるのは、弁護士だけ。

事務所の名前も「インスパイア法律事務所」に変えようかな！

人生は習慣なり

人生は習慣。習慣が人生を決める。

私が今、続けられている習慣をピックアップして、セルフ・エフィカシー（自己肯定感）を高めると…

１ストレッチ

ここ３か月くらい、筋トレのみならず、毎朝、丁寧にストレッチもしている。ふくらはぎの張りとか疲れは溜まらなくなった。

２ＨＩＩＴジム

毎朝７時から。

３懸垂

毎朝とか、１日数回、自宅で

4　ブログ執筆
毎日数本、読まれることを意識して（読まれることを意識して書くようになったのはこの数年）
5　タイピング矯正
右手小指でキーを打つのを、毎日。英語を使う仕事では、ブラインドタッチの必要性は高い。自宅でも事務所でも。もう完璧にブラインドタッチは習得している。全然キーボードは見ない。でもミスタイプはもっと少なくしたい。

人生は習慣だ。もっといい習慣を身に付けていい人生を送りたい。

ショートスリーパー

高校時代からか。睡眠時間は少ない方だった。それで親に「お前は恵まれている」と言われていた。大学に入って、お酒を飲むようになっても、どんなに深酒しても（昔は大酒飲みだった）昼まで寝ていたという記憶はない。夜遊びしても、朝5時まで夜更かししても、朝8時には一度目が覚めてしまう。
昼寝すること、二度寝することはたまにあるが、人生50年で物心ついてから「朝8時以降にベッドに寝ていた」という記憶がほとんどない。片手で数えるほどしかない。

こういうショートスリーパーなので、45歳までは毎週末徹夜していた。それくらいタフな生活を1か月くらい続けていても、夜は11時には床について2時半には起きている。睡眠時間は、ほぼ3時間半。それでも頭がボーッとすることは全くない。本当に健康に生んでくれた両親に感謝、そして神に感謝。

さあ、今日も世の中のために邁進しよう。

人生はギャンブル

競馬、パチンコ、マージャン…全くしません。

私は生まれつき射幸心がなかったのかもしれない。多少キザな言い方だが「人生こそがギャンブル」の心意気を持っていたい。

この文脈で好きなのは、ガンディの〝My life is my message〟私の人生が私のメッセージだ、というもの。ガンディはまさに、自分の考えを行動で示した。

人生そのものがメッセージになる。人生をかけて一つの仮説を検証する。人生そのものが後世の人々の見本になる。そういう人生を歩みたい。

山登り型と川下り型

キャリア形成には「山登り」型と「川下り」型がある。

山登り型は、Goal-oriented（目的志向）。10億円の売上を達成する！　そのためには何が必要で、またそのためには何をすべきか…と、論理的にチャンクダウンする方法だ。最近、ベンチャーが称揚されているので、この山登り型が理想とされることも多い。

しかし、20代で夢を描ける人は少ない。世間に揉まれていろいろ理不尽を感じて、その理不尽との闘いから人生を歩みだす人も多い。

そんな多くの人、感覚的には95％くらいの人は、実は、「川下り型」のキャリア形成で人生を始める。ベルトコンベアに乗っているうちに、言い換えれば、周りと切磋琢磨しているうちに、いずれ大海に出る、というものだ。

この山登りと川下り、どちらがいいというものでもない。環境と年齢によって、それらのいいところを選んで歩むのがいいだろう。

川下りの人生

プランド・ハップンスタンス（Planned happenstance）理論という考え方がある。

ざっくり言うと、人生の8割は偶然に左右される。だから偶然をポジティブに捉えるのが大事。

偶然を生み出すように出会いを増やそう、という考えだ。

目標を定めて登っていく「山登り」人生ではなく、一燈照隅、縁ある方との関係を活かして、わらしべ長者的に、『セロ弾きのゴーシュ』みたいに、その場その場でベストを尽くしていく「川下り」人生だ。

私の感覚では、95〜99％の人が、川下り人生を歩む。山登り人生を続ける事ができる人は、ごくごく一部。

良いとか悪いとかではなく、どちらにも良し悪しはある。私が尊敬する中村哲さんは、典型的な「川下り」人生だった。目指してアフガンの医師になったのではない。求められて、その場その場で、ベストを尽くしてきた。

私の人生だって、国際弁護士としてのキャリアだって、全部が全部、目標を定めて歩んできたのではない。多くの偶然と多くのご縁に導かれて、ここまで来た。

頂上ばかりを見ていると、路端の花の美しさに気づかぬことがある。川下りをしながら、川辺の花を愛でるゆとりがあってもいい。

私の愛読書 ❺

笹川良一研究 ―異次元からの使者　佐藤誠三郎

「右翼の黒幕」のように評判が悪かった笹川良一が、東大名誉教授の佐藤誠三郎から、いや、実は「異次元からの使者」といえるほど、懐が大きく、捉えどころのない、大人物だったと高評価されている。

世間の評価と、後世の評価が、大きく異なる一例。私も、笹川良一のように、毀誉褒貶があっても、スケールの大きい、絶対値の大きい人間になりたい。

人生の目標は、「異次元からの使者」と言われるほど、人間離れしたパフォーマンスを見せることなのかもしれない。

第5章

健康

―筋肉が自信になる

いい仕事をするにも、まず健康から。健康維持もクライアントのため。極真空手指導員20年の経験で培ったことなどをお伝えします。

毎週「人生初めて」に挑戦

毎日のように「人生初めて」に挑戦するようにしている。

今朝の「人生初めて」は、3本指立て＋足上げ＋プランク1分。

指立ては、握力も鍛えられる。握力は、気力とパンチ力に比例する。

もう一つの人生初めては、元旦に10キロ走をしたこと。逆立ち腕立てを目標に毎日逆立ちしているので、上半身の筋肉が重く、それほど早く走れない。しかも、病み明けで膝と太ももに不安があったから、早朝ランは諦めて引き換えしたし、靴がちょっと小さくて靴ずれが怖かったという、コン

3本指立て

プランク

逆立ち腕立て

ディションは最悪だったが、走り切った。

これから毎年元旦ランをすることをルーティーンにしようと思う。キロ６分は切りたい。

ここ5年くらい「真夏の炎天下にキロ６分を切って10キロを走る」ことを毎年の目標にしてきた。同様に、体重が増え気味になる冬にも健康と体型を維持するために「元旦にキロ６分を切って10キロを走る」ことを元旦からの目標に、そして「人生で初めて」を毎週一つはトライすることを今年の目標にしよう。

特にアラフィフで刺激が少なくマンネリ生活を送られている方は、意識的に「人生初めて」に挑戦されてみてはいかがでしょうか？　まずはコンビニの食べたことのないお菓子を食べることから、でもいいです！

浩然の気

浩然の気とは、天地の間に充ち満ちている非常に盛んな精気（広辞苑）。補足すると、大地の息吹、自然の持つ生命力、地球（ないしは宇宙）のエネルギーのようなものだろうか。黎明の時間帯（日の出前から人々が活動する頃まで）に横溢している。

私はこの浩然の気を吸って自分のバイタリティーに換えるのが好き。だから体調がよくて前日に激しい運動をしていないときは、夜明け前（まだ暗い頃）に起きることを目標にしている。

明るくなってから起きるのは敗北だ、と思っている。だから毎朝、日の出と早起き競争をしている。

曾国藩の叱責

私が早起きして黎明の浩然の気を吸うのが好きなのは、大学時代に以下の曾国藩《そうこくはん》の言葉に刺激を受けたから。

黎明即起、覚めて後霑恋《てんれん》するなかれ

霑恋とは、未練たらしくグズグズすること。
朝早く目を覚まし、覚めたらぐずぐずせずにガバッと起きろ、という単純な意味なのだが、文語で言われるとどうも説得力が違う。

握力と気力の関係

握力と気力は関係する。
司馬遼太郎『峠』の愛読者にはおなじみの話だが、
握力ある者は気力がある。

気力がある者は握力がある。

それを支持する見解もネットにはそれなりにある。

長男が、朝に、体をほぐして気力回復を図っていた。そこで、私が「気力のためには、握力をつけるといい。そのためには、指立て伏せすれば」と勧めた。

私もしばしば、仕事の気合を入れ直すときや、気力を充溢させるために、指立て伏せをすることがあるぞ、などと話をしたら、次男が「じゃあお父さんもいつも指立て伏せをしたら」と冗談半分でけしかける。

乗った。無視する理由はない。毎朝のルーティンに、懸垂のみならず指立て伏せを追加しよう。

習慣が人生を決める

松井秀喜は毎朝、母親の言いつけを守って養命酒を飲んでいた。私も、朝イチに、養命酒を飲むことにしている。少々ジジ臭いけれど、これを一口飲んで、テンション全開にする。その後、コーヒーを２杯くらい飲んで、気合を入れて早朝仕事に取り掛かっている。養命酒は、要するに、安いドリンク剤だと思っている。

話は飛ぶが、星陵高校監督から松井秀喜が教わった有名な言葉。

心が変われば行動が変わる
行動が変われば習慣が変わる
習慣が変われば人格が変わる
人格が変われば運命が変わる

この言葉のポイントは「習慣」だと思う。習慣を変えないと人格も運命も変わらない。習慣が人生を決める。人と違う人生を歩みたかったら、まずは人と違う習慣を身につけましょう！

ランニングの即効性

健康維持のためにはいろんな手段がある。筋トレ、食事制限、ストレッチ、サウナ…。でも、一番即効性があるのは、ランニングではないか。3日で効果が出る。身体的な効果というより、主に精神的な効果として。

ダイエットせんと志して、1キロくらい、1日10分弱、走り始めたとする。3日続けると、その1キロ7～8分が、とても軽く感じるようになるはずだ。そして、ほとんどの人はタイムが短縮する。〝あれ？　同じ距離なのに、こんなに早くなったぞ〟と。

ランニングの効果が体重に反映するのは、10日後くらいかもしれないが、タイムの短縮や、気分的なラクさは、３日で出る。即効性がある。だからランニングがメジャーな健康維持手段なんだろう。よし、今日も走るぞ！

人生の勝ち組

最近は「勝ち組」って言葉はそんなに使われなくなったが、たしかに「あ、あいつ勝ち組だなぁ」と嫉妬することはたまにある。

たとえば先日、大手企業に勤める同世代の男性が「テレワークの合間に、毎日10キロ走っている」という。実際とてもスリムで健康的だった。

それを聞いた瞬間「あ、勝ち組だな、ある意味」と思った。

・テレワークで、通勤の煩わしさから逃れている
・毎日運動できる健康を維持している
・毎日運動できる時間がある

ということは、逆に考えると

・ブルーカラーはテレワークしづらい
・不健康のため走れない

・忙しすぎて毎日1時間（10キロって1時間くらい）の時間が取れないという人は、まあ負け組とは言わないまでも、恵まれていない部類。

私も（毎朝1時間のジムとストレッチはしているが）もっと時間に余裕ができて、毎日10キロを走りたい。今は一日平均3キロは走っているが、もう少し走りたい！

身体が軽くなると心も軽くなる

アラフィフになって、私もやや代謝が衰えてきており、寝不足とか不摂生が続くと、体重が増え気味になる。先月、運動量（ランニング量）を増やして、体重を減らして思ったのは、〝身体が軽くなると、心も軽くなる〟こと。下っ腹が出ているのではなく、シュッとシックスパック的に締まると、心も軽快になる。

ある程度は脂肪が付いた方が長生きする？　といったデータもあるようだが、まだまだ軽快な身体と心を維持したい！

最近は高校卒業時の体重を2キロばかりオーバーしてしまっているので、あと2キロ痩せよう！

人生は坂ダッシュ

毎朝6時ころ事務所に着いたら、まず、国会議事堂を一周するのが日課だ。国会付近から東の空を眺めながら。こうやって、旭日から浩然の気をもらって、毎日を始動させている。
２・３キロ、ゆっくり15分くらい。この坂は、キャピタル東急ホテルから、首相官邸の脇を上る急な上り坂。この上り坂が、なんだか逆境に溢れた我が人生を象徴しているようで、いつも、歯を食いしばって、膝をあと１ミリ上げて、自分をいじめて、精神を鍛え直して、上っている。

逆境が人間を鍛える
坂ダッシュが精神を鍛える

私はそう信じて疑わない。人と同じことをやっていては、成功できない。努力は実らない。人並み外れた努力だけが実る可能性を宿している。人が平地をダッシュするなら、自分は坂ダッシュを。

目標達成！

ここ7、8年 は毎年「炎天下を、10キロ、１時間（キロ６分）で走る」というのを目標にしている。47歳のときは、結構ギリギリだった。年々、達成が難しくなってくる感じだ。
48歳のときは、たぶん体幹を鍛えていることもあり、７月２日の最高気温32℃の一番暑いときに、早々に達成した。

この「炎天下長距離走」は、精神を鍛えるため。零戦乗りで有名な坂井三郎さんが採用していた鍛錬法だ。

私の、事務所→皇居一周のベストはいくつかなと思って、私のブログを検索して調べてみると、数年前、1キロ5分35秒で走っていた。

5分35秒なんてムリ…。昔の自分、どれだけすごいんだ…と思っていた。私の事務所から皇居に行くには、首相官邸への急な「心臓破りの急坂」を登らなければいけない。そういう高低差が結構ある。先日、体調が良いときに、そのかつての私の5分35秒に挑んだ。

破った。なんと

1キロ5分18秒！

眼の前を、スリムなマラソン体型の人が走っていて、その彼をペースメーカーとして走れた。それが良いタイムの秘訣だったのだろう。37℃の炎天下で、キロ5分18秒は褒めていい！

純粋な皇居一周だけだったら、だいぶ平地に近いので、5分は切れる自信がついた。

キロ5分だったら、フルマラソン3時間半かぁ。いつかフルマラソンにまた挑戦するかなぁ…。

2024健康戦略

遅くとも2015年から毎年更新している健康戦略。

ほとんど変わらないが、この１か月くらいはカレーパン禁止を付け足した。また、ここ１～２か月はランニング量を増やしている。アラフィフになって、また一段と代謝が悪くなっている気がするから。

１　摂らないもの

①　炭酸飲料
②　揚げ物
③　パン（コンビニの。なるべく。特にカレーパン）
④　ポテトチップス（２０２３は一度も買わなかった！）
⑤　その他カタカナの食事（パンでなくご飯を食べる、など）
⑥　お酒
⑦　ラーメン（２０２３年は３杯だけ食べました）
⑧　白米（自宅の夕食で）

２　摂るもの

①　サラダから
②　キムチとらっきょう（自宅では必ず食べる）

③小腹空いたらナッツ
④プロテインドリンク（SAVASココア味）

3早起き
①3時55分（さぁ、Go Go！　アラームは2時55分）
②21時30分には寝る
③20時以降は何も食べない

4運動
①朝焼けとともに国会議事堂一周のジョグ
②毎日（月~土）午前7時からフィットネスジム（ストレッチも）
③毎日、午後イチに国会議事堂もう一周
④週末は長め（皇居一周とか、河川敷で10キロ走とか）
⑤腹圧を入れて肛門閉めて、反り腰防止
⑥月曜日朝あたりにサウナ（疲れる前に）

背走は反り腰の解消にいい

今朝のジムでも実践して確かめたところ、「背走」をすると、反り腰解消にいいと確認できた。

高校時代（とか大学の、高校野球部監督時代）から、身体のバランスにいいだろうと思って、野球のトレーニングで、背走を取り入れていた。当時は１９９２～96年くらい。まだ「体幹」って言葉もほとんど広まっていなかった。ネットで検索しても「背走が反り腰に効く」と書いている人はいない。

でも絶対に反り腰に効くことを保証します！

表情筋を鍛えて豊かな笑顔を

アラフィフは、重力に顔面筋が負けるから、普通にしていても若い人から見ると「不機嫌」な表情に見える。それに抗わないといけない。

眼輪筋を使って「目で笑う」ことって、鍛えないと難しい。特にアラフィフのおっさんとかは、90％の人が、眼輪筋を使わずに口だけ（顔の下半分だけ）で笑っている。

加齢に抗って「重力に負ける表情筋」を鍛える工夫は、以下のとおり。

・毎朝7時からのジムとか、ランニングのときに、対してキツくもないけどあえて歯を食いしばって「変顔」を作る。

・これにより、加齢とともに重力に負ける顔面の筋肉を引き上げて、表情（笑顔）を豊かにするようにする。この笑顔を「形状記憶」させる。

こうやって、周りを明るくする（表情豊かに感謝の気持ちを伝える）工夫をしている。

この工夫を毎日やり続けて「眼輪筋を使って」笑顔が自然に出るまで、3か月かかった。こわばった表情をほぐすのには、それくらいの時間がかかります。

筋トレしながら変顔して眼輪筋を日頃から使っていると、笑顔を作るときにも、眼輪筋を使った「目で笑う」ことができるようになります！。

筋肉の効用

田村耕太郎さん（シンガポール国立大学リークワンユー公共政策大学院兼任教授）が、フェイスブックで

日本とアメリカの「根拠のない自信」格差は筋肉量の差から来ている

という仮説を紹介している。

アメリカ人は筋肉があるから「根拠のない自信」があるというものだが、一理ありそう。筋肉をつけると、テストステロンが分泌されて、強気になるというのは、あながち嘘ではないのかもしれない。

また、リーダーシップにもテストステロンは欠かせない。「**リーダーに必要なチャレンジ精神、**

他人や社会に貢献しようとする気持ち、公平・公正さを求める気持ち、すべてにテストステロンが関係しています」と堀江重郎教授（日本メンズヘルス医学会理事長）は話している。

このように、筋肉が付いてテストステロン上がると、勇気も公共心も上がり、嘘をつかなくなる。

みなさんも、筋肉をつけて自信をつけ、チャレンジ精神や社会貢献力を養い、嘘をつかない人間になりましょう！

文武両道以外あり得ない

「文武両道以外あり得ない」と問題提起をさせていただく。

文武両道が褒めそやされることがある。東大に入るのに甲子園出場したとか。進学校でスポーツも盛んだ、とか、奇跡的な特別の学校のように言われる。

しかし、野球とか空手とかを通じて、身体を鍛えながら、精神を鍛えてきて、今も、毎朝７時からジムで筋トレして自分の惰弱な心に鞭打っている自分からすると、むしろ
「身体を鍛えずに、どうやって精神を鍛えることができるのですか」

と思う。

筋トレしながら、もうやめたいけどあと一回。ズルして楽な方に逃げたいけど、ズルしない。歯を食いしばって辛い方に行く。

惰弱な心に鞭打って、易きに流れ、利に流れ、楽な方に行こうとする自分を戒め、叱咤激励し、虐めている。

毎日毎日、身体を鍛えながら、自堕落で、放縦で、品性下劣で、利己的で、卑しい自分に鞭打って「それじゃだめだぞバカ野郎」って自分を追い込んで、自己改革をしようと思って、精神を磨いている。

「みんなが休むときに休むのか。人と同じでいいのか。ズルしてスクワットの角度を緩めるのか。他人よりちょぴっと多くの回数、数秒長く筋トレすることで、人と違う自分を築き上げなくていいのか」と思って、私はいつも筋トレをしている。毎日ちょっとずつ、自分を追い込み、辛い方に自分を追い込んでいるからこそ、いざというときに、正しい判断ができるような気がする。もうそうやって40年くらい身体を鍛えてきたからであろうか、そんな私からすると、「身体を鍛えずに精神を鍛える方法がある」とは思えない。もしその方法をご存知の方は、教えてください。

40年身体を鍛えてきて、脳みそが筋肉になっちゃっているから、私がこう考えるのかもしれませんが…。

イギリスのエリートが通うボーディングスクールでも、ラグビーなどのスポーツは盛んだ。文武両道は当然だと思われている。

そこには「身体を鍛えることで精神を鍛える」との効果に対する暗黙の了解があるはずだ。講道館柔道の創始者の嘉納治五郎は「精力善用」を説いた。これも、こういう「身体とともに精神を鍛える」効果まで含意していたのではないか。

尚文卑武

日本では尚武の気風がある。武を尊ぶ。武士階級が尊敬されていた。

しかし、中国や韓国では逆で「尚文卑武」と言って、文を尊び、武を卑しむ。武人・軍人が日本のように社会的地位が高いことはないらしい。

こう考えると、戦後の日本では、自衛隊が蔑まれているから「尚文卑武」になってしまっている。

一方、アメリカでの軍人の尊敬され具合はすごいものだ。飛行機に乗るときも、ファーストクラスの人よりも、軍人が先に乗るらしい。

私が尚文卑武の中韓に生まれていたら「身体を鍛えることによって精神を鍛える」って効果をこうして実感していたのかどうか。大きな文化論と、個々人の哲学はまた別かもしれないけれど…。


私の文武両道的な実績をたまにお褒めいただくことがある。その賛意を受け止めながら、内心、いつも「いや、文武両道以外ありえないでしょ。だって私は惰弱で自堕落で品性下劣な人間ですから、身体を鍛えないと、精神を鍛えることができないんです」と思っている。

本当に思う。身体を鍛えずに、どうやって精神を鍛えることができるのだろうか。

風邪を引くのは無礼

年間に1週間くらい体調を崩すと、何十年も積み重なれば、それは1年分になってしまう。だから体調管理は重要だ。たかが数日…だと思っても、チリも積もれば、1年になる。体調管理は大事にしましょう。なお、山口瞳は『礼儀作法入門』の冒頭で「風邪を引かぬこと」を大事な礼儀として揚げている。風邪を引くとドタキャンするから。

風邪対策

僕はバカなので生まれてから数えるほどしか風邪を引いたことはない。風邪気味だな、と思ったときの対処法は、「睡眠・水分・ビタミンC」。ほっとレモンとかをがぶ飲みして寝る。うがいはそれほど習慣にしていないが、喉の調子がおかしいときはリステリンでうがいをしている。それと加湿器は必需品。短い人生、風邪なんか引いてるヒマないよ〜。

正しいうがいの仕方

うがいは、一度、口内を濯《ゆす》ぐのがいいらしいです。いきなりガラガラと喉を鳴らすのではなく。

まず、口内清掃。その後、喉の清掃。

２ステップに分けるべき。

そうしないと、口内の細菌が喉に入ってしまうから。これは妻に教わって、ようやく最近は毎朝実践できるようになってきた。

フロスの仕組み化

「フロス」みなさんいつやってますか？　やるシチュエーションをちゃんと決めないと、なかなかやらないですよね。

アメリカではなんと、Floss or die という言葉がある。１９９７年にアメリカの歯周病学会が発表した歯周病予防のためのスローガン。「フロスしないと死ぬ」って…。

それくらい、フロスは大事。

でもできない…。しばらくやってないな…って自己嫌悪になることがある。その自己嫌悪をなくすべく、「耳かきのついでにフロス」にすることを仕組み化・習慣化しようと思った。そのために「耳かき→フロス」ってテプラを作って、事務所のデスクに貼った。私のデスクは他人から見えないので、デスクで耳かき＋フロスできる。

フロスを習慣化してさらに歯を健康にします！

Oura Ringで体調管理

Oura Ringは、北欧の指輪式体調管理キット。人気アナリストの馬渕磨理子さんもOura Ringで健康管理しているらしい。私も3年くらい、このスマートリングをはめている。

睡眠時間をとても正確に管理してくれる。あまり頻繁にはチェックはしないが「自分のカラダをコントロールしてる感」が高まって、精神衛生的にとてもいい！

今日は覇気イマイチ、と思ったのでOuraのデータを見たら、体調指数が50を切っている…。なかなか50を切ることは少ない…体調に気をつけます！

懸垂

自宅の階段の上にある梁で、毎日懸垂してきた。梁を指で掴んで。でも最近、懸垂グリップを買った。

グリップがあると子供もチャレンジできる！　子供もこのグリップを使って毎日のように懸垂しています！

ダンベルスキップ

私が編み出した体幹トレーニング、ダンベルスキップ。これはかなり効くようだ。私が持っているダンベルは1つ4キロ、計8キロ。平地でやるよりも、トレッドミル上でやる方が効果は大きい。

ダンベルスキップ

朝の日課

ある朝の日課を紹介しよう。

懸垂7回、腹筋（V字腹筋など33回。筋トレはゾロ目。人より少しでも努力するため、筋トレの数はゾロ目にするようにしている）。シャワー浴びて、タイピング練習（英語と日本語）で、いずれも95％以上を叩き出して、紙の日経新聞読んで（新聞が来る4時前に家を出るときはiPadで）、黒酢で内蔵を活性させてから出勤。

早起きが得意だ。昔からそうだった。睡眠時間は少なくて足りる。

司馬遼太郎『峠』に「汝に休息なし」という言葉が出てくる。立派な人間は死ぬまで世のため人のために奉仕すべきであり、休息はない、という意味。私も、ノブレス・オブリージュ的に、死んだら休めばいいと思っている。

今日も子供と21時に寝て、24時くらいに起きようとアラームを掛けたら、23時に起きてしまった。そこから仕事頑張った。

丈夫な体に生んでくれた両親と神に感謝である。

39のルーティン

私は、毎朝のジムで、20分くらいのＨＩＩＴトレーニングをする。ＨＩＩＴとはHigh-Intensity Interval Trainingの略で、高強度インターバルトレーニングのこと。インターバルトレーニングとは、高負荷の運動と低負荷の運動を交互に入れるエクササイズのこと。その強度をぐんと高めたものがＨＩＩＴだ。

そして、ＨＩＩＴトレーニングの後に、自分でカスタマイズした自主トレ的な筋トレとストレッチを補足的に行っている。

これをやらないと1日が始まらない、私のルーティンだ。このカスタマイズトレーニングは賞味10分くらい。気分によって変えることはない。たまにメニューを増やしたりしているが減らすことはほとんどない。

メニューを数えたら、10分で、39もあった。概算で、６００秒で40だとすると、15秒で一つ。それくらいの長さで、どんどんメニューを進めている。

この40近いメニューを毎日。もう2年くらいやっている。このようにルーティンを守ると、「自分を律することができている」という自信（セルフ・エフィカシー）に繋がります！

世界チャンピオンとトレーニング

私が毎朝ジムでトレーニングをする際、いつも世界チャンプと一緒にトレーニングしている。脳内のイメージトレーニングですが。世界チャンピオンは、塚本徳臣先生とマニー・パッキャオの2名だ。

塚本徳臣先生は、私の空手の師匠。26歳から30歳くらいまで、新極真会渋谷道場でみっちり稽古をつけていただいた。フルコンタクト新極真会で2回の天下を獲った、空手界の革命児。塚本先生とのスパーリングは、怖かった。。生命の危険を感じながら挑んでいた。

こうやって、私と同世代の、「現役世界チャンプ」と一緒に稽古する運に恵まれた。間近で、世界を何度も獲った方たちの息吹を感じてきた。だから、私の毎朝のトレーニングでも、「世界チャンプに負けるか」とイメトレしながら、腹筋などをしている。

そして、もう一人はフィリピンの有名ボクサー、マニー・パッキャオ。8階級制覇。Pound for

Pound（体重差を捨象した世界ナンバーワン）。彼は上院議員であり、大統領選挙にも出たことがある。

仕事の関係で何度もお会いしたことがあって、フィリピンの片田舎・ジェネラル・サントスのご自宅にも何度も足を運んだ。彼のトレーニング風景を目の当たりにしてきたので、主に腹筋トレーニングのときに「クソっ、この腹筋の辛さは、マニーも耐えてきた辛さだな、負けてたまるか」「タツ、まだまだだな（ってセコンド的に私を鍛えるマニーの言葉）」などを脳内でイメージしながら、毎日、腹筋している。

マニーのおかげでシックスパックになりました！。

体脂肪率ガン付け

体脂肪率がヒト桁になると、すれ違う男性が体脂肪率ヒト桁を切っているかどうかが分かるようになる。顔・容姿をちらっと見るだけで、もうなんとなく「オッ、コイツも一桁切っとる」ってのが分かる。

先日も、六本木ヒルズを歩いていたら、一桁野郎とすれ違った。その相手の若い男性も、私を見て、同様のことを思ったのか、お互い「ガンを付ける」ようになった。

似たようなことは、女性の、お胸の大きさで、行われているのではと想像する。

Ｅカップ以上の女性は、同じような巨乳の女性とすれ違う際に「アタシのほうがすごいのよ」的にガンを付ける。もしくは、ある程度以上の美貌を備えた女性は、同じような別嬪女性とすれ違う際に、意識し合う。「私のほうがきれいだわ」と。

知らんけど…。

不機嫌なら散歩に行け

ヒポクラテスの言葉。

あなたが不機嫌なら散歩に行きなさい。
それでもまだ不機嫌なら、もう一度散歩に出かけなさい。

言い得て妙である。仕事で行き詰まったとき、スタッフと意見が衝突したとき、カフェでコーヒーを飲むのもいいが、散歩はなおいい。できれば車の行き交う道路沿いではなく、公園など緑の多い場所が。

それでも、気持ちが晴れないときは小高い山に登るのがいい。仕事のアイデアも浮かぶかもしれないが、それ以上に大自然と一つになって仕事のこと、諍いのことを、まず忘れてしまえる。

「ああ、生かされている…」と。

加齢をどこで感じるか

同世代とランチするときなどに必ず私がする質問は、「年取ったな、というのを、生活の中のどこで感じますか？」

この問いに対して、「感じない」「別に昔と変わらない」と回答する人は一人もいない。

9割が、睡眠について回答する。「徹夜できなくなった」「徹夜明けが使い物にならない」「無理ができなくなった」と。

要するに、人間としてのキャパシティが衰えたということだろう。

私が30代のころ、45歳くらいの先輩が「45になると、昔みたいに無理が効かなくなるんだよなぁ」と言っていて、そんなもんかなと思っていた。自分が45になったとき、自分もそう思うようになった。私は徹夜はできるけれど、その翌日翌々日のパフォーマンスに大きく響くようになった。そういう意味では、私もこの部類に入る。「如何に徹夜せずに多くの仕事をこなすか」ばかりを日々考えている。

最近のデータでは、44歳と60歳で老化の波がガクンと訪れるらしいです！

日野原重明さんの長寿の秘訣

日野原重明さんは、１０５歳あたりまで壮健でいらっしゃった。その秘訣は…イライラしたら小走り、だったそうな。病院内で小走りしている姿が、多くの患者に発見されている。

よし、私も、裁判書面の構成で煮詰まったら、廊下で小走りしよう！

痩せたかったら歯を磨け

痩せたかったら、寝る前に歯磨きをするのではなく、夕食後にすぐ歯磨き。外食して帰宅したら、すぐ歯磨き。昼食のあとにも、すぐ歯磨き。

歯磨きすれば、間食・おやつを食べようと思わなくなるから。

ダイエットは、まずは歯磨きから。

塩で食べる

私は醤油やケチャップはあまり好きではなく、なんでも塩で食べている。しょっぱいものを減らしているからだろうか。最近はとんかつも塩だ。餃子も、焼売《しゅうまい》も お寿司も、塩で食べる私。昨晩から、妻の特製ソースで食べていたとんかつも、塩になりました。妻よ、許してください…。中山家で食べる塩は、どこの塩か妻に聞いたら、フランスのロワール地方の「ゲランドの塩」だそうな。ちなみに、黒い炭のようなこの塩、とても美味しい。

そして、ステーキも塩でたべるようになった。御殿場インター先のすぐのところに、マースガーデンウッドって温泉ホテルがある。スタッフに勧められて来て、なかなか良かった。池の鯉にエサをあげられるので、子供は大喜びだし、ディナー時のイルミネーションもいい。お風呂も広々していて、子供はいつも泳いでいる。

ここの鉄板焼きは、デフォルトで「塩」。真ん中の、ギリシアの、黒い炭のような塩なんかは最高に美味いから、買って帰った。ここの塩でステーキを食べてから、もう焼き肉のタレでステーキを食べることは、できなくなった。

どのステーキ屋さんに行っても、私はいつも「お塩いただけますか」ってお願いして、塩でステーキを食べている。

なお、我々の子供の頃、上級な肉ってサーロインだったが、今は、ヒレ。昔、ヒレって聞かなかったような気がする。時代の変遷かな。

次に何を塩で食べるかな…醤油ではなく。

目玉焼きとかも、塩胡椒の味付けだけで食べているな。

そういえば豆腐はまだ醤油だ。よし、塩で挑戦してみよう！

ちなみに「地の塩になれ」（You are the salt of the earth）という、聖書マタイによる福音書5章13節が私に語りかけ、塩を食わしめているのかも…。
これから塩を食すときは、マタイ5章13節を思い出そう。

醤油より塩

東北では寒いから味噌汁が濃い。だから東北の人は、塩分過多で早死する人が多い。と、まことしやかに信じられている。

ところが、味噌汁の塩分量は、実は、0・5％程度にすぎない。醤油は16％。もう30分の1くらい。
塩分摂取を抑えたいなら、味噌汁を減塩にするのではなく、醤油を減塩にした方がいいかも？

・濃口醤油…16％
・ウスターソース…8・5％
・ポン酢しょうゆ…7・8％
・フレンチドレッシング…6・4％
・お好み焼きソース…4・9％

・和風ドレッシング…3・5％
・ケチャップ…3・1％
・マヨネーズ…2・0％
・味噌汁…0・5％

醤油ではなく何でも（とんかつも）塩で食べる私が、家族から「塩分過多では」と責められている。でも、醤油やソースなどより、塩をパパっと振るほうが、塩分少ないよ、と反論している。

ちなみに、海水の塩分は3・4％だから、醤油の塩分は海水の4〜5倍になる。醤油のとりすぎには注意が必要だ。

あいうべ体操

「あいうべ」体操をすれば、鼻呼吸になる。人は自然と、鼻呼吸ではなく、口呼吸になっている。でも、鼻呼吸のほうがいい。口呼吸を鼻呼吸に治すための体操が「あいうべ」体操だ。「あいうえお」の代わりに、「あいう」の次に「べぇ〜」って舌を思いっ

あいうべ体操

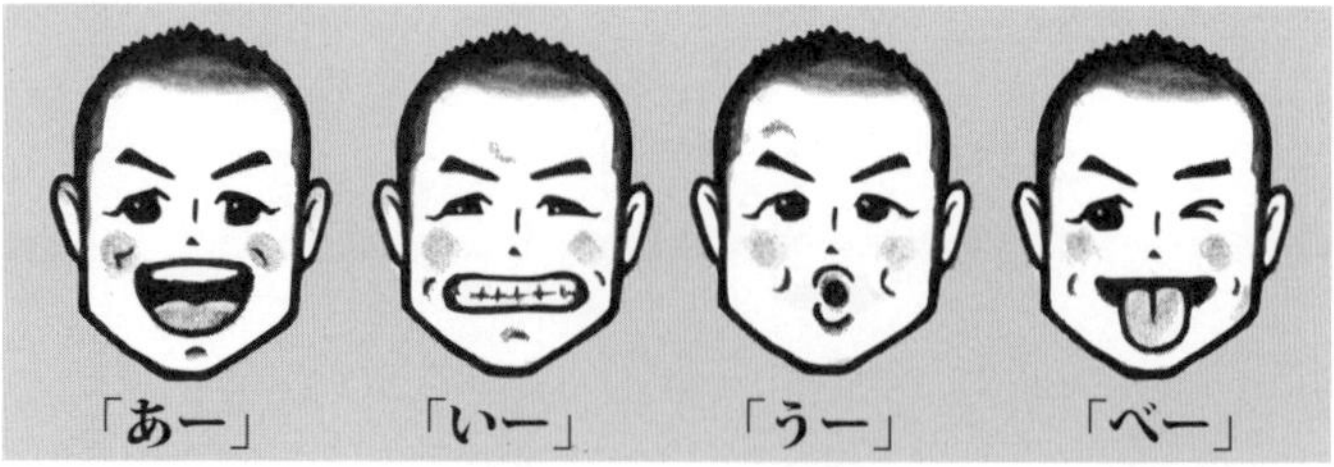

口を大きく開く　口を大きく横に開く　口を強く前に突き出す　舌を突き出し下に伸ばす

きり出すだけ。

これで口腔周りの筋肉が鍛えられ、鼻呼吸できるようになり、無呼吸症候群などが治るらしい。

顔面の筋肉を使って表情を引き締めるのは、加齢に悩むアラフィフ以上には効くだろう。

特に口呼吸で困っているわけではないけれど、しばらくやってみよう。

column

美味しいものあれこれ

九州じゃんがらラーメン@赤坂

ラーメンは食さぬようにしている。太るから。

でも、意志薄弱のため、たまに食べてしまう。

サンディエゴでお付き合い、博多出張で羽伸ばして博多ラーメン、それに続く、今年（令和5年）3杯目かな。

黒革ジャンがトレードマークの、NVIDIA（米国の半導体メーカー）のC

column

EOのジェンスン・ファンが、日本に来ると必ず寄るそうじゃないか、この赤坂の九州じゃんがらラーメンを。小泉総理も来たことがあるらしい。事務所から数分、行かざるを得ない。

美味なるアップルパイ

ヤマザキのアップルパイ、定番。130円くらい?

安い割には、美味しいですよね。もう30年くらい、同じ味で、売られている。私が買ってきて食べると、子供たちも美味しいと言って、食べている。

おまけに、セブンカフェ、コーヒー濃い目を選べる。コンビニコーヒーは、ファミマの濃い目。他は薄い、って思ってたら、セブンカフェも、この機械なら、濃い目選べるようになりました!

毎朝、ファミマコーヒーのために遠回りして出勤してましたが、通勤途上にセブンがあるので、遠回りする必要がなくなりました！

赤坂　四川飯店の陳麻婆豆腐

永田町の名店、赤坂　四川飯店。令和5年に67歳で亡くなった、料理の鉄人で有名な陳建一さんのお店。10年ぶりくらいに食した陳麻婆豆腐…。陳さんは、亡くなった後、岸田首相から旭日小綬章をもらっていました。

陳さん、美味しい陳麻婆豆腐をありがとう！

美味すぎてびっくりした。ランチセット1600円。こりゃあ、一度食べないと死ねません。この店の坦々麺は、郷ひろみ御用達。

正直、坦々麺は大したことないけど、この陳麻婆豆腐は絶品中の絶品。なお、ランチは予約できません。11時30分か、もう少し前から入れます。

マクドナルドのアップルパイ

マクドナルドのアップルパイは美味ですよね。2週間に一度くらい、自宅近くの、環八等々力店のマックに、早朝に行く。ここは朝6時から営業している。そこでアップルパイを食べながら、仕事したり読書したりします。美しい朝焼けを感じながら。

平置きの駐車場が無料なのもいい。こういう広々としたスペースがあるのも、郊外暮らしの一つのメリットですね。

お店で揚げたカレーパンが美味

後輩に聞いた。セブンイレブンの「お店で揚げたカレーパン」が美味だと。実際に、美味！　パンの棚に並んでいるカレーパン（135円くらい）ではなく、揚げ物コーナーにあるもの。149円。外カリカリ、中ふわふわ。これで149円ってコスパ良すぎ…260円くらいしても高くない。

「唐揚げ」の概念を変える店

何年も前から紹介されていた、自由が丘「とよ田」に行った。唐揚げの有名店。

「唐揚げ」の概念を変える店。なるほど、こういう唐揚げもあるのか、と思わせる。

こういう「気になる店」は、サクッと行って、脳内のペンディング（未解決事項）をなくすと、人生のセルフ・エフィカシーが高まりますね！

赤坂「よかろう門」のみそモツ鍋が神

私がこの15年くらい、何十回も通って、何百人をも接待した、赤坂のモツ鍋「よかろう門」。

芸能人御用達の名店。

ここ私がお連れした（昔はよくここで合コンしたw）何百人、ひとり残らず、口を揃えて、「美味い」と言う。あまりにも美味いので、週3日連続で行ったこともある。飽きない。毎日食べても、美味い。

外国人の接待にも、よく使います。SUSHIではなく、WAGYUでもなく、よかろう門のモツ鍋。

外国人にもバカウケ。意外性もあって、印象に残るし、オススメ！

column

お箸は三手で

お箸は三手《みて》で。

私が外国人と和食を食べる時に、よく教えるネタです。これはかなり外国人ウケします！

三手、というのは、3ステップ（3挙動）で、ということです。

皆様も、外国人に、「和」つまりジャパンを印象づけたいと思うときに、ぜひお使いください。

なお、茶道では、左手でお碗を持っているときには、箸を「薬指と小指の間」に挟んで、三手で取ります。

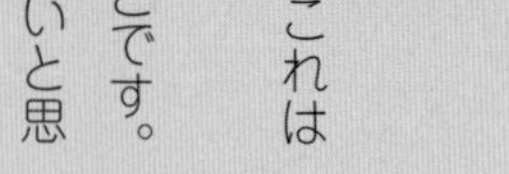

第6章

人生

―生かされているという実感

弁護士のみならず、資格を持ったコーチとして活動している。「人生とは何か」に確たる答えを持っていると、何があってもぶれない。

人生のVSOP

「人生のVSOP」という言葉をご存知だろうか。

・20代　Vitality
・30代　Speciality
・40代　Originality
・50代　Personality

20代のうちは「バイタリティ」を発揮して仕事に没頭し、30代では「スペシャリティ」を、40代では「オリジナリティ」を身に付け、50代以降は、それまでの仕事人生で身に付けたあらゆる能力や人脈を生かして「パーソナリティ」を武器に仕事をする。そういうライフステージに応じたキャリアプランのことだ。各年代の頭文字をとってVSOPとなる。

私自身、20代の頃には、バイタリティを発揮して、司法試験に落ちては奮起し、勉強に没頭する生活を乗り越えてきた。

晴れて弁護士資格を得た30代からは、「人の3倍働く!」と意気込み、実務にあたりながら弁護士業務の基礎を心身に叩き込んだ。34歳からの2年間は、シンガポールの弁護士事務所で勤務し、国際弁護士となるためのスペシャリティを身に付けた。

帰国後、弁護士事務所で勤務しながら海外法実務の経験を積み、40代で現在の事務所を開業した。45歳からオリジナルのコンテンツの「インテグリティ」を広めている。今は50歳になったのでさらにパーソナリティ（人格）を磨かなければ！

全知全能の神だったら何をするか

人生に悩んだとき、本当にやりたいことを考えるとき、「全知全能の神だったら何をするか」「完全な超能力者だったら何をするか」と問うことを勧めたい。

「全知全能の神なら叶えたい三つのこと」を考えると、自分の人生の優先順位を見つめ直すことができます！

袋の中のキリ

人間の器というのは、ほとんど結果論で分かりうる。高いポストにある人が長くいれば、それはその人がそれだけの器だったのだと。高いポストに短い時間しか就任できなかったなら、それはその人が所詮その程度の器だったのだと。

私が尊敬するある弁護士は、世界の某弁護士団体を創設して、20年間そこのボスとして君臨し続けた。それはその人がそれだけの器だったからだと思う。

中曽根首相や小泉元首相が5年間くらい首相を務めたのも、彼らがそれだけの器だったからであり、麻生・福田・鳩山首相が1年程度で首相を退任したのも、結局彼らはその程度の器しかなかったということだろう。

どんなに高尚でカッコイイことを言っても、市井の何の変哲もない一市民でその人が一生を終えたとしたら、それはその人が所詮その程度の器だったということ。不遇を嘆くのはあたらない。「錐《きり》の嚢中《のうちゅう》にあるが如し」という漢籍の表現が私は好き。本当に能力のある人は、無名で終わるのではなく、袋（嚢中）に入ったキリのように、殻を破って突き抜けるもの。本当に人格識見と行動力に秀でていれば、世間が放っておかないだろう。

自分が世間に認められないことを嘆くのではなく、自分の努力が足りないことを反省しよう。

壮にして鍛えれば、老いて衰えず

名作家・城山三郎は、若い頃、湘南の海でひたすら泳いだり、空手を習って黒帯取ったり、自宅にサンドバッグを吊るしてそれを叩いて心身を鍛えていた。これは、晩年の城山三郎しか知らない私には、意外な発見だった。

この城山三郎が若い頃のエピソードを知って思い出したのは、以下の佐藤一斎のフレーズだ。

少にて学べば、則ち壮にして為すことあり。
壮にして学べば、則ち老いて衰えず。
老いて学べば、則ち死して朽ちず。

佐藤一斎『言志四録』

壮年のときに鍛えていたから、老年の城山三郎が衰えていなかったのだろう。老年時代の矍鑠《かくしゃく》たる城山三郎は、若い頃の肉体的鍛錬に支えられていた。

老年になったときのためにも、心身を鍛えておこう。ちなみに私が毎朝７時からジムで１時間汗を流しているのも、目先の体重とか体脂肪のためではなく「10年後の自分」のためにやっている。10年後も、元気で、世のため人のためにバリバリ働ける自分であり続けるために、１日の24時間から天引きして、ジムで１時間汗を流している。

生かされている

私は毎日２時～４時に起きる。５時台に起きることはほとんどない…。いわんや６時台に起きることは、たぶん年に１度あるかないか？　７時台とか８時台に起きるなんてのは、もう10年？　20

年？　全く記憶にない…。

なぜ私が早起きか。

いや、目が覚めても、当然、二度寝したい。もうちょっとまどろんでいたいなあと、悪魔の声は聞こえてくる。しかし、生かされている。命を与えられている。本当は死んでもいいのに、生かされている。そういう気持ちがとても強い。

それは23歳の1月8日のことだった。ウオッカを飲みまくって、チェイサーがジントニックで、飲酒運転して居眠りして、交通事故を起こして、ガードレールに突っ込んだ。シートベルトもしてなかったので、フロントガラスを顔面で割って…。それでも、今、ケロっとして、生きている。

ちょうどその日、私と縁があった女性（英語塾の元生徒）が、20歳の成人式を目の前にして、大田区蒲田の交差点で青信号を渡っていて、はねられて、亡くなられた。後から人づてに聞いた。

私はハチャメチャなことして生きている。その彼女は、何も悪いことをしていないのに天に召された。これは単なる偶然で済まされない。天の配剤ではないか…。

この出来事を受けて「ああ、オレはどういうわけか生かされている。彼女の分まで生きなきゃな」と、もう25年間、四半世紀思い続けている。

最近も、40歳台の私の義妹が、闘病わずか数か月で亡くなった。改めて「生かされているな」と感じた。

今日も、彼女たちの分まで、頑張る。

天道是か非か

有名な歴史家、司馬遷の問いかけだ。

「天道是か非か」

「非」に決まっている。天道は「是」ではない。当たり前じゃないか。

前述した事故の一件で、その日から、私はそう思うようになった。

短いスパンで見ると天道は「非」なのだろう。憎まれっ子世にはばかる例は周りにいくらでも見受けられる。しかし、50年以上の単位で見ると、天道は是だと信じたい。

たとえ素晴らしい人の人生が不遇に終わっても、その遺志もしくは遺伝子を継いだ人は立派な人生を歩むはず。たとえ憎まれっ子が世俗的な幸福の下に一生を終えても、その背中を見て育って、世の中とはこんなものかと思ってしまった子孫には、必ずツケが回ってくるはず。

だから私は「個人」単位で（自分の世代だけで）モノを考えない。「家」単位の数世代にわたる長いモノサシで、モノを考えるようにしている。

売られた喧嘩は買わない

滅多に喧嘩を売られることはない。でも、人間は完璧ではないから、毒気に当てられることもある。人の醜い部分ないしは人の幼い部分、子供じみた稚拙な部分に触れることがある。感情的な攻撃を食らう場合である。

私も人間だから、そんな感情的な対応をされると、どうしてもこちらも感情的になる。そしてその感情的なリアクションをそのまま返してしまおうかと思うこともある。

「でもいや待てよ。それでいいのか。子供に対して子供じみた対応を返していいのか？」お子ちゃまと同じ土俵で喧嘩して良いのか？　悪意に対して悪意の連鎖をつなげていいのか？　と常に"stop to think"する（立ち止まって考える）ようにしている。家でも仕事でも友人知人間でも。

大人になるというのは、「売られた喧嘩を買わない工夫」を身につけること、と言える。

かっこつけて常に大人びるのが良いとは思わない。ときには義憤公憤をたくましくして、闘うべき相手とは闘わなければならない。しかし、今がその時なのか？　その激したリアクションでいいのか？　常に冷静に反芻する自分は持っていたい。

- **それで本当に後悔しないのか**
- **5年後の自分は納得するか**
- **家族に誇れるか**

・ロールモデルのあの人でもそうするか

そんな規範、自律した精神を持ちたい。一言で言うと「俯仰天地《ふぎょうてんち》に塊《は》じないか」ということなのだろう。

私たちは選択をしながら生きている

人生とは選択。私たちは四六時中、いろんな「選択」をしながら暮らしている。

・優しい言葉をかけるのか

・冷たくあしらうのか

・笑顔で接するのか

・ぶっきらぼうに接するのか

・落ちているそのゴミを見て見ぬフリをするのか

こう考えると、我々の前には常に more kind な道と less kind な道の二つの道がある。その選択肢を蓄積するのが一日の営みであり、人生でもあるといえる。佐藤一斎も「克己の工夫は一呼吸の間にあり」と言った。

イスラエルで旧友にこれ以上ないくらい優しくしてもらって、私はこんなにはできないなと、見習うことが多かった。

今日も私は、more kind な道を歩んでいこう。

自己正当化する生き物

人間はみな自己正当化する。

自分に存在価値があると思いたいから。

・言い訳をする

・マウンティングをする

・批判する

・悪口を言う

・悪いこと（嫌なこと）を忘れる

・記憶の書き換えをする

老若男女、自分も、君も、みんなも、全員、自己正当化して生きている。

私がブログを書くのも自己正当化の一環。昨今は「承認欲求」と表現するけど、これも自己正当化。他人のあざとい自己正当化にも「人間とはそういうものだ」と認めることで、対人関係にもゆとりが生まれるはず。

人間は誤解されるもの

人間は常に誤解される。そもそも、理解されようと思うのが間違いだ。

「本当の自分」なんてだれも分からない。自分でも分からない（かもしれない）。

「人間」という言葉がいみじくも示すように、私は「人と人との間」で生きている。だから「主観的な自分」などは、無価値。「客観的に相手方にどう映るか」がすべて。

自分が自分のことをどう思っていようと、相手にそう思われたら、それだけのこと。

自分とは異なる意図で、君の言動が相手方に解釈されたら、それが君。相手方が考える君が、君なんだよ。そう思われたらアウト。

そういう危機感を持って暮らした方がいいと思う。エマソンが言っている。

'To be great is to be misunderstood.'
（偉大になればなるほど、誤解される。）

「正当に評価される人間」なんて、そもそもいないと思っていい。人間はそもそも誤解される生き物。だから「どう誤解されるか」をコントロールしないといけない。だから「それは誤解です！」と人を責めるのも間違い。

「伝える」と「伝わる」は違う。Ａと伝えてもＢと伝わっていたら、人はＢだと理解するだけのこと。

誤解されたら「理解される自分の努力が足りなかった」と反省の糧にしましょう！

安岡正篤

最近、安岡正篤の本を肯定的にブログに紹介した。

19歳～23歳ころ、司法試験を受ける前、安岡正篤の本は全部読んでいた。当時はAmazonなんてなかったので神田の古本屋に行ったりしてかき集めた。埼玉県比企郡嵐山町にある安岡正篤の記念館まで行ったりもした。

それほど「耽溺」していたが、ちょっと恥ずかしい過去として、一度もこの本を肯定的に紹介したことはなかった。出世に直結しない読書にふけっていたことにコンプレックスを感じていたからだろう。

でも今、安岡にハマっていた過去を明かすことができるようになったのは、「出世コンプレックス」がなくなったからだろうか。

これも成長の一過程だと肯定的に捉えることにしよう。20年くらい、安岡ファンであったことは隠していたけど、今は若い頃に安岡本を全部読んだことを誇りに思っている。

50歳になった今年（令和6年）、「論語と経営・コンプライアンス」というセミナーをするようになった。30年前の安岡本の読書が役に立っている。これも人生のcollecting the dots（スティーブ・ジョブズが言う「点のつなぎ」）だ。

叱ってくれる人には感謝せよ

人間、35歳を過ぎると叱ってくれる人が減る。私も三宅・山崎法律事務所から出向していた、シンガポール留学時代の35歳頃、大ボス三宅先生から「生意気だ」と叱られたことがあった。それが嬉しくて涙ぐんだことがあった。自分を叱ってくれる人の存在のありがたみに涙した。

それだけ、私が三宅先生を尊敬していて、三宅先生にそれだけの実績があったということ。要するに、怒る人は、熱い人／君に期待している人／君の成長にコミットしている人／君の親のような人なんですね。

逆に…怒らない人は、冷めている人／君に期待していない人／君の成長にコミットしていない人／君の親とは全く異なる立場にいる人なんです。

45歳になってボスになった私は、もう叱ってくれる人はほとんどいない。だから、私はしばしば古巣の先輩に会いに行ったりして、叱ってもらおうと思っている。

現世を相手にしない

私は、無人島へ持っていく一冊には、迷うことなく中島敦『李陵』を選ぶ。

登場人物3名（李陵と司馬遷と蘇武）の、三者三様の生き方がとても学びになるから。この『李陵』

は、毎日のランニング中に、Audibleで繰り返し聴いている。我ながらよく飽きないなと思うくらい。

三人の登場人物が、「何を相手にした」かが、とても興味深く活写されている。いい比較になる。

武人・李陵は、「現世（現実社会・世間）」を相手にした。世の人から承認されることを求めた。

文人・司馬遷は、「後世（死後）」を相手にした。宮刑に遭い男根を切除されるという憂き目に遭っても、生き恥を晒し、後世への使命感を果たした。実際、後世に認められた。

義人・蘇武は、「天」を相手にした。現世も、後世も、相手にしなかった。自分の節義・インテグリティのみを頼りにした。佐藤一斎が言う「一燈を頼む」生き方をして「蘇武持節」に名を残した。「天は見ている」という李陵の叫びが重い。

彼ら三人の生き方、特に、とっても強くて、とってもカッコいい李陵が、その根底において「世間に認められる」というスケベ心・下心を有していたために、他の二人と比べて浮かばれぬ結末を迎えた点が、とても味わい深い。

現世を相手にしない。後世か、天を相手にする。

Being right is not enough. Be righteous.

（正しいだけでは不十分。美しく、カッコよくあれ）

そんな価値観を学べる『李陵』。全力でオススメします！

座右の銘は？

みなさんに座右の銘はありますか。好きな言葉はありますか。

私の座右の銘は…座右の銘を持たない…というのが座右の銘です。柔軟でありたいから。

でも、座右の銘といえるくらい好きな言葉はある。

To live in hearts we leave behind is not to die.

…後に遺す者の心の中に生きることは、死ぬことではない。


人生は死んでからが勝負。棺《かん》を蓋《おお》いて事定《ことさだ》まる。死んだ後に、いかに自分の精神を後に遺すか。

さらに踏み込んで言えば、

To be unable to live in others' hearts is not to live.

…他の人の心の中で生きられないことは、生きていることではない。


とまで言えるかもしれない。

現世でチヤホヤされるのではなく、後世の人に認められる。そういう生き方をしたい。

20代から成長しない？

10代の終わり、ないし20代の初めの自分と今の自分を比べて、人間的に「格段に成長した」と思う人はほとんどいない。つまり、ほとんどの人の人格・人生観は、20代前半には形成される。人は

20代半ばから、人格的にほとんど成長しないのです。人間の成長は20代で終わると言ってもいい。

しかし、20代の若者に対して、いかにも「若造」といった感じで軽く、偉そうに接する人がいる。その「若造」の人格は、今の自分とほとんど変わらないかもしれないのに。年下であるというだけで軽蔑するのはよくない。

20代でも立派な人はたくさんいるし、むしろ、優れた20代は堕落した50代よりマシな人格識見を築きあげている。私の場合、20代前半で本ばっかり読んで人生観を練っていたからだろうか、50歳になっても人生の大きな価値観は変わることはない。

後生畏《こうせいおそ》るべし、若者には敬意をもって接することにします！

40代後半がピーク？

「人間的な成長」って、いつがピークだろうか。孔子が「七十にして己の欲するところに従いて矩を超えず」という境地に達したように、年とともに道徳的・倫理的に成長する部分はあろう。そう思いがちだ。

しかし、社会心理学の第一人者で、「属人性」の概念を作った東洋英和女学院大学の岡本浩一名誉教授が、人間の倫理観や道徳心は40代後半がピークだと仰っている。その理由をお伺いしたりして、理由を3つ考えてみた。

１　怒りっぽくなる
岡本教授によれば、アラフィフになると脳科学的に怒りっぽくなるらしい。なるほど。

２　しがみつき社員
アラフィフになると、多くの社員がエンゲージメントが低い「ぶら下がり」社員どころか、転職もできず定年まで居続ける「しがみつき」社員になる。つまり、「多少は自分の評価が下がっても気にしない（どうせクビにはなるまい）」と思う社員が増える。危機感も緊張感もなくなるから、マナーや振る舞いが悪くなる。人間の本性が出るのだろう。周りで思い当たる部分がある。

３　経済的な安定
成功した経営者とか自営業者だと、30代に比べれば経済的に安定する人が多い。つまり「この仕事をきっちりやって、このクライアントからの信頼を得ないと生きていけない」という危機感・緊張感がなくなる。それが言動に現れる。レスポンスが遅くなったり。

以上の３つの理由が、「道徳も40代後半がピーク」の理由になりうる。アラフォー、アラフィフ以上の年配のみなさんは、気づかぬうちに、ぬるま湯的に、倫理観のない振る舞いをしていないか、自問自答してみましょう。自戒を込めて。

悩んだときには

世間の目、人からの批判などで、いろんなしがらみで悩むことがある。そんなとき私は、以下の選択肢を持っている。

1 ロールモデルを作って「あの人ならどう判断するだろう」と考える
2「これをやらずに死んだときに後悔しないか」と考える
3「私はなんのために生きているんだっけ」と、自分の人生の目的から考える

この三つ、どれが正解ということはなく、いろんな価値基準、いろんな座標軸を持つのがいいのだろう。

陰徳を積む

陰徳を積まなきゃなと思っている。見えないところでも、世のため人のため。

これがなかなか難しい。落ちているゴミを拾ったり、倒れている自転車を立て直したり。昨日、首相官邸前で一台の自転車を立て直したが…。

あまり積む陰徳が見当たらないときは、車の運転時に「黄色信号で止まる」のを陰徳を積むと拡大解釈している。なぜなら、せっかちな私は黄色信号でアクセル踏んで突き進んでいくことがことが多いけれど、最近は「陰徳を積むチャ〜ンス！」と思って、欣喜雀躍してブレーキを踏んでいる。「いや当然でしょ。それ陰徳じゃないでしょ」とのツッコミは甘んじて受けます。でも「陰徳を積む」と心がけることで、私のマナーとインテグリティが向上したことを多としたい。

みなさんも陰徳を積みましょう。世界中の人が陰徳を積んだら、世界平和の実現も近い！

空気に他責しない

私が好きな山本七平。『空気の研究』で有名。彼は、その戦争体験や、戦後の進歩的文化人との闘いから、「空気」に属することを何よりも嫌った。

私はまず決心した。

生涯たとえいかなることがあっても、「あの状況ではああ言わざるを得なかった」とか、「私の立場ではこう言わざるを得ない」という言葉は口にすまい。

またそういう言葉を口にするような精神状態には絶対になるまい。その結果、どのような非難が来ようと、罵詈讒謗《ばりざんぼう》が来ようと、非常識だと言われようと意に介すまい。

もしそれができないと思ったら、生涯一言も口をきくまい、と。

山本七平『静かなる細き声』より

「空気」に屈して周りに忖度する発言をするくらいなら、死んだ方がマシ。そんな勢いだ。これが山本七平のインテグリティ。

「空気」に屈しない。周りが右向いていても、自分が左が正しいと思ったら、左と言う。忖度しない。ひるまない。媚びない。へつらわない。おもねらない。自ら反《かえ》りみて縮《なお》くんば、千万人と雖《いえど》も吾往《われい》かん。

こういう一節を身にしみて愛してきた。だから私が山本七平に出会ってから30年経って、私がインテグリティ・エバンジェリストとして活動しているし、だれも引き受けない宗教案件を引き受けているんだろう。

若き日の読書が、その一節が、四半世紀後の、私の人生行路に影響を与えている。

私は◯◯する△△です

先日受けたコーチングで「私は◯◯する△△です」と毎日、宣言するといい、と言われた。潜在意識に、目標を刷り込ませる、ということだろう。

さて、私は何にするかな。

「世界を明るくする、夢見る夢男です」だろうか。長いな。「私は世界を明るくする天使です！」にしよう。まずは家庭を明るくすることから！

千年単位で

千年単位で考える。

世俗的・物質的な考えは、短期的。10年とか。

宗教的・精神的な考えは、長期的。50年とか１００年とか。

「人生の時間軸を長く取る」ことは、俗物から脱する一つの方法。

批判の強い案件を引き受けると、５～10年は、評判が下がって、売上が下がるかもしれない。でも50年、１００年、１０００年のスパンで考えると、どっちが人を幸せにするのか。どっちが自分の生き方に合致するのか。どっちが後悔しないのか。

そんなことを考えて、私も宗教（家庭連合）の案件を受任した。

実際、先人たちは千年単位で考えてきた。

勝海舟が「知己を千載に待つ」と言ったり、頼山陽が13歳で「千載青史《せんざいせいし》に列せん」と言ったり。

家庭連合信者によれば、その文鮮明総裁も千年単位で考えていたらしい。

ネットや雑誌では、こういう「千年単位で考える人」は出てこない。本を読まないと「知己を千載に待つ」という考えには出会えない。

人はすべからく本を読むべし。

孔明になるな、張飛になれ

帷幄《いあく》*の中から、智謀湧くが如し。

こう言われた三国志の英雄・諸葛亮孔明のごとく、いろんなアドバイスを授けるのは、弁護士の一つの理想。

ただ、私のスタイルは、長坂橋で一人矢面に立った張飛のように、敵の前面に身体を晒してリスクを取る。説得力は、リスクを取ることから生まれるから。

孔明になるな、張飛になれ。

＊帷幄　昔、陣営にたれまくとひきまくをめぐらしたところから、作戦計画を立てる所。本営。本陣。

人生とは選択

人生は選択の連続だ。たとえば
Ａ怠惰な安易な道

Ｂ辛い厳しい道

私は常にＢを選ぶ。また

Ａ嘘をついて逃げる道

Ｂ（恥を忍んで）正面から戦う道

もちろん、Ｂを選ぶ。さらに

Ａ朝目覚めて二度寝するのか

Ｂガバっと潔く布団に別れを告げるのか

ここでもＢを選ぶ。

このように、私たちには常に四六時中、「ＡかＢか」の選択肢が突きつけられている。かくいう私も、人生で常にＢを選び、一度もＡを選ばなかったとは言えない。たとえば、10年くらい前の私の対応で「あ、あの対処はＡだったな…」と今でも悔いているものはある。思い出せばいくつかあるな…。

悔いを残さず死にたい。今、私がここで死ぬとして、「子供たちに一つだけ言い残すことは？」と問われたら、私は「迷ったら辛い道を行け」と答える。

何を捨てますか

Twitter（現X）で山口周さんが

「来年はこれをやろう」と思ってはだめ。人生は選択と集中だから、「来年はこれを捨てよう」と思わないと、結局はなにもできない。

とつぶやいていた。そのとおりだと思う。よし私も、来年は何を捨てるか、何を諦めるかを改めて考えよう。本を読みたかったらテレビは見れない。ゴルフもできない。テレビやゴルフを楽しみたかったら本は読めない。

何かを成し遂げることとは、何かを諦めること。人生は、トレードオフだから。

テレビやゴルフはほぼ捨てました。次はXをだらだら見てしまう時間を捨てたい！

人生は「どう受け止めるか」

Life is 10 percent what you make it, and 90 percent how you take it.

…人生の1割は「どう作る（歩む）か」であり、残りの9割は「どう受け止めるか」である。

外形的な成功と内面的な幸福は必ずしも比例しない。

つまり、人生は結局は優先順位。何に優先順位を置くか。

・金

・地位
・人格の完成
・知的好奇心を満たすこと
・クライアント様のご期待に応えること
・子育て（子供と過ごす幸せ）
・子育て（子供の学歴）
・体型維持（見栄か？）
・社会貢献（プロボノ的な活動）　etc,

これらは毎日のように変わりうる。

我々は、ある人がこれらの一側面を見せただけで「アイツは…」って判断してしまいがち。だから、我々もそう外形的に判断されることを前提にして生きていかなければいけない。

ただ、我々の外形から判断される「成功」は、我々が内面で考えている「幸福」とは違う。他人から見られる外形的成功と、自分の内面的幸福とをしっかり分けて考える。これが「自分を持つ」ということだろう。

人生において「帰る場所」

私は昭和49年に、神奈川県湘南の大磯で生まれた。大磯は明治大正昭和のお偉方の別荘地として有名で、生家は国道1号沿いの海側、吉田茂邸と伊藤博文の別荘・滄浪閣の間に位置し、2階からは相模湾が一望できる。そこで暮らしたのは2歳までだが、親が共働きだったことから、そこの祖父母に預けられた時期もあって、かなり愛着がある。

私は死んだら骨の半分は冨士霊園の中山家の墓に入れることにしているが、もう半分は大磯の海へ撒いてもらおうかと思っている。

新撰組とも関わりがあった幕末・明治の医師松本良順が、日本で最初の海水浴場を開いたのが大磯。その他にも自慢できることがある。

まず、大磯は「湘南」発祥の地である。「湘南」は、大磯の海が中国揚子江の湘南地方に似ていることから名づけられた。へぇ〜、しょうなんですか(笑)。

そして何より、私が生まれた50年前から、ほとんど町の様子が今も変わらない！

信じられないことに、駅前にコンビニがない。大磯駅から私の生家西小磯まで1キロくらいの間の1号沿いにもコンビニ一つない。

「神奈川県中郡大磯町」という地名を「平塚市」だか「湘南市」だかに改称しようという動きがあるというが、大磯の人々は頑なに拒んでいるらしい。

だれしも悩むこと、落ち込むことはある。そんなときに、どこに行くか。ここに帰って、人生の原点を見つめ直す場所があるか。

私はその場所がある。生まれ故郷の大磯の海だ。こゆるぎの浜という名前がついていることは最近知った。

広い空や星を観て己の卑小さを思い、絶えず打ち寄せる波の音を聴いて、悠久の時間と人間社会の儚さに思いをいたす。

学生時代に、将来何をするっぺかなあと思ってよくここで空とか星を眺めていた。20数年前にも転職するとき、一人で行った記憶がある。

人生なんてちっぽけだ、やりたいこと・やるべきことをやろう！　と勇気が出る。

私が生まれた街。いや、街といえるほど開けてはいないが、いつも車で行って、渚の風を感じて…。

海はいい。私が海を好きなのも、海のそばで生まれたからかもしれない。

そんな場所がある私は幸せだ。子供たちはどうだろう。多摩川の河川敷では…と思ってしまう。

子供たちはどんな人生を送るんだろう。父さんを少しは参考にして、たくさん挑戦する人生を送ってくれれば。

習慣を変えないと人生は変わらない

元巨人の松井秀喜さんで有名になったこの言葉。

考えを変えれば、行動が変わる
行動が変われば、習慣が変わる
習慣が変われば、人格が変わる
人格が変われば、運命が変わる
運命が変われば、人生が変わる

この言葉から私は、「習慣を変えようとせずに人生を変えようなんてのは、おこがましい」と受け取っている。だから必死に良い習慣を身に付けようとしている。今私が習慣にしようと挑戦しているのは、

・朝起きたらベッドで真向法ストレッチ、朝の懸垂、バットの素振り、事務所で1日2回ランニング、1日1頁の執筆、半跏趺坐《はんかふざ》での座禅…。

神はアンコールに応えない

神慮。天の配剤。セレンディピティ。僥倖。仏の慈悲。

いろんな言い方があるけれど「人知を超えた何かに助けられた」と感じた経験を持つ人は多かろう。

私も、豪雨の中東名高速でスピンしたけれど傷一つ負わなかったとか、酔って推定時速１００キロでガードレールに突っ込んでも生き残ったとかある（その日に親しい女性が青信号を渡って跳ねられて亡くなっていた…）。しかし、そんな奇跡は何度もない。期待してはいけない。

神はアンコールに応えない。

一期一会を大切に生きていかないと。一期一会は、人との出会いの大切さだけでなく、時間の大切さの文脈でも捉えるべき。今日一日との一期一会を惜しまないと。

日本で一番の思い上がり

２０２１年12月、日経新聞朝刊の５面で『インテグリティ　コンプライアンスを超える組織論』（中央経済社・刊）の広告を出した。全5段！　下４分の１は全部私の本の広告だ。その広告には、「日本を変える！」と大きく書いている。政党でもない、市民運動のグループでもない個人が、たった一人で「日本を変える！」とかほざいている。

日本で一番の思い上がりだ。こんな思い上がりは、日本広しと言えども私だけかもしれない。

日蓮の、

我れ日本の柱とならん
我れ日本の眼目とならん
我れ日本の大船とならん

に影響されたかもしれない。…私が日本で一番の思い上がりで、高慢で、傲慢な人間だ。

そんな日本で一番の思い上がりの私も「別け隔てなく人を見る」ということは大事にしている。

事務所ビルのお掃除をするおじさんおばさんの、名前までちゃんと覚えている。早朝4時とか5時くらいからゴミを片付けてくれる男性は川越さん。彼は帝国ホテルでも働いている。朝6時くらいから? トイレや手洗い場の掃除をしてくれるおばさんは清水さん。清水さんは北千住あたりにお住まい。この2人とはよくいろんな会話をする。

みなさん、オフィス清掃の人の名前をご存知ですか? 早朝から勤務しないと、会う機会もないだろうけれど。

子供たちよ。お父さんはねえ、日本で一番高慢な思い上がりだけど、ビルの掃除のおじさんおばさんの名前を覚えて、いつも名前を呼んで声をかけているんだよ。

真の優しさとは

利用価値のある人間に対しては、だれでも優しくなれる。

真の優しさは「利用価値のない人に対してどれだけ優しくできるか」で図られる。

利用価値のない人間。自分になんら利益をもたらさない人間。たとえば、通りすがりの人、二度と乗らないであろうタクシーの運転手などに対しても、どれだけ優しくできるか。もしくは、優しい眼差しを注ぐことができるか。

たとえば、コンビニで何か買ったら「ありがとうございました」と言う。サウナに入ったら「ありがとうございました、気持ちよかったです」と言う。レストランを出るときは「ごちそうさまでした、おいしかったです」と言う。その一言で優しさを表現しようとしている。私も常にできているとはいえないが…。

ゼロ回と一回は違う

知人女性が茶道をやっている。私が尊敬する松永安左エ門も茶道の達人で、耳庵という号だった。私もいつか茶道を…と思っていたけれど、体験で茶道でもやってみようかな。

知人女性には、「中山先生が茶道をやったら、とても濃密な人生になりますよ」と言われた。せっかちの極みでガサツな塊の私は、静寂と品性を醸し出す茶道との対極にある。だから「お前には茶道が効くよ」って意味だろうか。

そこで、銀座で茶道体験をすることにした。何事もゼロ回と1回は違う。だから私はお試し体験はよくやる。以下、1回だけ体験してみたこと。

ピラティス・ホットヨガ・合気道・座禅・ヘッドスパ・Dr.ストレッチ・サーフィン・ウェイクボード（シンガポールのとき）・トライアスロン（オリンピックディスタンス）・100キロマラソン・電動キックボード・真剣の居合斬り・パーマ（大学1年の時。野球部の先輩に「お前、法政か」って言われた）・眉毛エステ（トリミング）

ぱっと思い出すだけでこれだけある。100キロマラソンとトライアスロンは、数か月、準備してからトライした。

さて、次は何に挑戦するか！

現代の武士

79歳ご老人に「貴殿は武士よのう」と言われたエピソードをブログで披露したら、同世代で知人のクライアントから「そのとおり」とコメントをいただいた。私は、たまにそう言われるのだが、私のどんなところがそう思われたのか、思い切って訊いてみると、志を全うしようとする意思が言動に滲み出ていて、その努力を惜しまず実行しているところ！だそうです。ふむ。

草書で手紙を書く

私は楷書より行書が好き。行書より草書が好きだ。

しかし、世の中で草書が読める人はたぶん１０００人に１人くらいではないだろうか。私がしばしば草書で礼状を巻紙に書くのだが、この１０００分の１を前提にすると、私は９９９人に読めない書面を書いていることになる…。

「読み手に解読する煩を与える」というのは草書の最大のデメリットだ。

という考えに至って、草書を書いて手紙にして送ってしまう自分の傲慢さに気づかされた…。

次からはもう少し読みやすい字を書きます！

「普通」を唾棄する

普通でありたくない。人と同じでありたくない。それが私のアイデンティティ。

中学時代、野球が強く学業成績も良いマンモス校に入った。そこで埋もれないために、野球でだめなら勉強を。勉強でだめなら野球を。それで文武両道になった。野球だけ、勉強だけの人間になりたくなかった。

一番偏差値の高い大学を目指した。全国からくる「普通」でないエリートと切磋琢磨したかったから。

司法試験に挑戦した最大の理由も、一番難しい試験だったから。

シンガポールに留学したのも、みんなが行くイギリス・アメリカには行きたくなかったから。

シリコンバレーのシンギュラリティ大学に行ったのも「普通」でありたくなかったから。

そして、私が白スーツを着るのも、2か月で2冊の単著を出すのも「普通」でありたくないから。

『インテグリティ ―コンプライアンスを超える組織論』を、1000万円かけて、全上場会社様に謹呈差し上げるのも「普通」のプロモーションをしたくないから。

紙の新聞7紙（日経4紙＋小学生新聞3紙）を定期購読するのも「普通」でありたくないから。

子供にも「普通」になってほしくないから。

私の人生は、普通を「唾棄」して生きた。そんな私が一番キライな英単語は

mediocre ―陳腐な、普通な、という意味。

逆に、一番好きな英単語は、

outrageous ―これは、クイーンの映画で、バンドとしてのクイーンを表現する文脈で使われて

いた。辞書的な意味は…

1. ふらちな、法外な、ひどい、べらぼうな
2. 著しく正義［良識］に反する、非道な
3. 突飛な、風変わりな、大胆な、きわどい
4. みごとな、すばらしい

あまりにも好きなので、私は、私が持っているすべての Apple 端末に〝Be outrageous！〟と自己暗示をかけるように刻印している。こんな変態は世界に80億人いて私くらいだろう。変態は褒め言葉。Crazy は褒め言葉。「変態ですね」「バカですね」「アホですね」「Crazy ですね」って言われるのが最高に好き！

私の弱点

強がりで見栄っ張りの私だが、弱点はもちろんある。

劉邦じゃなくて項羽タイプのところ。人はみな劉邦に憧れるんじゃないかな。項羽みたいに一騎当千の強さはないけど、やっぱり最後に勝ったのは劉邦だし。

項羽にはなれなくても、劉邦にはなれるかな…。というのが世の人の「項羽と劉邦」に持つイメージではないだろうか。「オレは項羽になる！」と思う人はあまりいないはず。

先日、大企業の部長さんと久しぶりに一献交わしたときに「中山先生って、強制してなくても、周りからは強制しているって思われるんだよね」と言われた。

その少し前には、ある後輩から「中山先生ってめちゃめちゃ項羽ですね」と言われた。

私は、50歳になっても、朝2時から事務所に来て仕事するほど、仕事好き。ワーカホリック。自分で手を動かすのが、たぶん好きなんだと思う。経営者に徹するのではなく。

後輩・部下・スタッフから見たら「ボスが朝2時から働いている」など、とても〝ウザい〟だろう。私が後輩でもそう感じると思う。実際、私の事務所でも「中山先生ほどたくさん働けません」と言って辞めていく若手はいる。

それが私の弱点だ。私の後輩に対する接し方は、日々成長している。とても丸くなっていると思ってはいるが、毎朝早くからスタンディングデスクでフルスロットルで仕事しているから、無言のプレッシャーは与えていることになるんだろう…。


ソフトバンクの孫さんとか、ユニクロの柳井さんの下で働くのは、とても心理的・体力的にキツく、常人は2～3年しか続かない。そう聴いたことがある。それと似たようなプレッシャーを部下には与えているのかもしれない。

良くも悪くも、この「ワーカホリックな私」が、自分の限界なんだなと思っている。

性格は変わらない。増やす

人にはいろんな顔と性格がある。私だって

・妻の前では従順な下僕
・息子の前ではいっしょにはしゃぐ友人
・娘の前ではニコニコしている好々爺
・部下の前では毅然とした先輩
・秘書さんの前ではインテグリティある社長
・クライアントの前では頼りになる弁護士
・空手の生徒の前では強い黒帯
・少年野球では子供に張り合って身体を動かす、声のでかいコーチ
・ＩＰＢＡ（環太平洋法曹団体）ではダンスに狂っているＣＥＯ（Chief Entertainment Officer）。

人間にはいろんな顔がある。いろんな性格がある。私にだって、シチュエーションというか人間関係によって、いろんな顔と性格を使い分けている。

性格は一つではない。演じるもの。空気を読んで場面場面に応じて変えていくもの。だから性格

は、カメレオン。そう、みんなカメレオン。

「あたしって○○だから」「私は○○なんで」って自分の性格を限定する若者がいる。馬鹿言うな。自分の性格を変に固定的に考えないほうがいい。みんな自分っていうモビルスーツを着ているだけ。自分っていう人間がいるのではない。

中山達樹という人間がいるんじゃない。私が、場面場面に応じて「中山達樹」というモビルスーツを動かしている。

性格は変えるんじゃない。変えられない。無理に変えようとしない。むしろ、増やす。そう考えてみてはどうだろう。

私は魔人ブウ

どんなことがあっても感謝することにしている。
何を言われても、悪口を言われても。
どんな事象からも謙虚に学ぶ。
我以外皆我師也。
聖書にもある。

いつも喜んでいなさい。絶えず祈りなさい。いつも感謝しなさい。
Rejoice always, pray continually, give thanks in all circumstances.
（テサロニケの信徒への手紙第1章5節）

先日も、ちょっと凹みそうな案件があったが、良い「学び」であった。これを糧に私も成長した。いい経験則を得た。感謝しかない。そう「こじつけ」てプラスに考えることにしている。ドラゴンボールで、相手の攻撃をすべて自分の力に変える魔神ブウのように。

コモディティ化とはワンノブゼム

「コモディティ化*しちゃいかん」と言われる。消費者に成り下がるな、主体的な選び手であれ、という文脈で。

*コモディティ化：市場参入時に高付加価値を持っていた商品が、他社の参入などで市場価値が低下し、一般的な商品になること。

たしかに、タワマンに住んでいた昔、景色が良かったり、アクセスが良かったり、それなりに利点はあったけれど、これって要するにコモディティ化だな、ワンノブゼム（その他大勢に成り下がる）だなと自虐することがあった。

今は一軒家に住んでいる。買った土地に家を設計して。これは自己決定感があるのがいい。周辺住民も素晴らしい方たちだし、治安もいいし。コモディティ感、ワンノブゼム感がないのがいい。自己決定感は自己肯定感につながる。

思い起こしてみると、私の人生は、ワンノブゼムからの逃避であった。

桐蔭学園中学で、野球ばっかりだと凡百の野球部員と差別化できないから、勉強した。勉強ばかりでも、桐蔭の中の他の頭良い奴らと差別化できないから、野球を頑張った。その当時は「差別化」という言葉はなかったけれど「人と同じ自分」であるのが嫌だった。

その後、東大文Ｉ（法学部）に行って、一番難しい試験だから司法試験を受けたり、シンガポールに留学したりしているのも、私の「ワンノブゼムからの逃亡」と言える。

また、今の私が白スーツを着たり、特徴的なメガネをかけたりしているのも、すべて「ワンノブゼムからの逃亡」だ。

人と違う自分

ある講座に参加した際に、自分の第三者からの評価を見る機会があった。そこで「私を構成する要素の中で、最も大きな構成要素は何か」を第三者から告げられた。「中山さんは、人と違う自分でいたいと常に考えていますね」と。

思えば、中学高校時代、野球ばかりではなく勉強したのも、一番難しい大学に入ったのも、一番難しい資格試験を受けたのも（実は外交官試験のほうが難しいが…）、英語を使う職業にいるのも（これは英語が好きで得意だというのもあるけど）、白スーツを着ているのも、人前を歩き回るプレゼンスタイルをとるのも。

これらみんな「人と違う自分でいたい」ことの結果なんだなと、納得した。

毎日持ち歩くペンケースにも刻印。Tatsu - Be outrageous !

タツ、普通になるなよ！　尖って行け！

ペンケースの刻印

私のアイデンティティ

「長期的なスパンで人生を捉える」のが 私のアイデンティティだ。

もう一つ挙げるとすると、

「あなたの幸せってなんですか?」という質問に対して

「私の幸せは、人を幸せにすることです。なるべく多くの人を、なるべくたくさん。」

と、スパッと答えられることだ。

さらに以下はアイデンティティと言えそうだ。

1グルメ嫌い①

私はグルメではないし、むしろグルメを軽蔑する。麻布十番に住んでいたときもラーメン屋くらいにしか行かなかったから、その恩恵に浴しているとはいえない。英米でもグルメを軽蔑する風潮があり、それは禁欲を旨とするピューリタニズムの影響らしい。たしかに、フランス料理・中国料理・日本料理はあるが、イギリス料理やアメリカ料理というほどのものはない。

2グルメ嫌い②

何が嫌いかって、テレビのグルメ番組。グルメ番組に出ている芸能人の下品な顔！　まさに太鼓持ち。

3生まれ変わったら

30代の頃はニューヨーク・ヤンキースの野球選手になりたいと思っていた。東大野球部を休部してから、この思いを強く持っていた。あのピンストライプはやはり憧れ。50代の今は、また中山達樹でもいいかと思う。今度生まれ変わったら、優しくできなかった人たちに優しくする人生を歩みたい。

4世界を変えよう

元旦も1月2日も事務所でシコシコ仕事と勉強。でも「ワーカホリック」だと自分にレッテルを貼るのを辞めた。人からどう思われようといい。

世界を良くしようと思う人が土日祝日休んでいられるか。世界を変えようと思う奴が普通の生活を送っていられるか。と、開き直ることにした。汝に休息なし（司馬遼太郎『峠』）。家族よ許せ。

私の座標軸

私は次の三つの座標軸を持っている。

X軸＝主観、want
Y軸＝客観1、空間軸、古今東西にいう「東西」、現実認識、can
Z軸＝客観2、時間軸、古今東西にいう「古今」、歴史感覚、should

まず、自分が何をしたい（want）、したくないという主観のX軸。人を幸せにした。できるだけ多くの人をたくさん幸せにしたい。

次に現実問題として、自分に何ができる（can）かという客観的な「空間軸」。Y軸。たとえば、日本で生まれたので私はアメリカ大統領にはなれない（can't）。

最後に、歴史的に見て、自分が何をすべき（should）かという「時間軸」。Z軸。飽食の令和日本に生きて、世界にどう貢献すべきか。私が生を享けた昭和49年より、私が死ぬ時の日本の方が良い世の中になるために、何をすべきか。

夢

私の政治的な目標は、憲法改正と政権交代のある日本を創ること。人間としては、死んでも死なないこと、すなわち live in hearts we leave behind. 美しい精神・勇ましく高尚なる生涯を遺すこと。

国際的には、日本の代名詞になるくらい世界に羽ばたくこと。そう中学の頃に志した。日本精神、サムライスピリットをどうにかして体現して、日本人ここにあり、と言わせたい。敬愛する電力の鬼・松永安左エ門はその異常なバイタリティーから「突然変異」と呼ばれた。人生はバイタリティーで決まる。安左エ門のバイタリティーを見習いたい。

禅

勝海舟や山岡鉄舟に影響されて、禅を修めようと思ったことがある。鉄舟が他人の吐瀉物を平然と呑み込んだ。浄穢不二《じょうえふに》（きれいも汚いもない）という修行の一環で。これに影響されて、私もゴキブリを生きながらにして喰わんと思い立ったことがある。苦学生時代、恥ずかしながらゴキさん達と同棲していたのだが、しかし、幸か不幸か、あいにくその日はゴキブリが見つからなかった。

でも後に、スリランカの道端に落ちているゴキブリを食べて浄穢不二の修行を完遂した。

ピロリ菌が怖いのでもうやりません！

ＴＶ

液晶とか薄型とか世間は騒いでいるようだが、私は時代に逆行していて、テレビなし！

たしか藤原正彦が、欧米のエグゼ達はテレビを持たないことがステータスになっている、と書いていたのに触発され、また、何が嫌いかって、だらだらテレビを見ている自分が一番嫌いなので…。

テレビがないのは、全く苦にならないが、その代わりネットを利用している時間が長くなってしまったのが現在の課題。

やっぱり無料の情報ではなく有料の情報（本など）を得ないと！

国威発揚

とても古めかしく、軍国主義的に聞こえるだろうが、国威発揚したい。なぜか？　日本人だから。理屈抜きで。愛国心があるから。

こういう考えにアレルギーを持つ人、だんだん減ってきているような気がする。とはいっても、国威発揚しようとしている人が増えてきているとも感じないが…。

日本円が安くなっているのは、国際的に日本のプレゼンスが下がってきたから。日本の先人たちが、頑張って1ドル80円くらいになるまで円高にしたのに、今の体たらくは…イチ日本人として責任を感じる。

後世の日本人に感謝されるように、国威発揚して日本円の価値を上げないと！

健康的なペシミスト

私は楽天家です。といっても、能天気な楽天家ではないつもり。落胆するのが嫌いだから落胆しないために楽天家たろうとしている。意志的・意図的に、楽天家たろうと努力している。

人はなぜ落胆するかというと、期待するから。だから私は一切期待しないことにしている。それゆえ私は常に最悪の事態を想定している。

裸にて生まれてきたに何不足
起きて半畳寝て一畳　天下取っても二合半

こういう自分の心構えを「健康的なペシミズム」と呼んでいる。ニーチェの言う「積極的ニヒリズム」とほとんど同じだと思っている。

アランが言った。「上機嫌は義務である」。常に上機嫌でいるために、私は「楽天的で健康的なペシミスト」であり続ける。

理想の死に方

18、19歳のころ、城山三郎『落日燃ゆ』や、司馬遼太郎『峠』を読んだりして、「従容《しょうよう》として」死に赴くことに憧れた。
従容として死ぬためには後悔しないことが必要。後悔しないためには生きている間に精一杯生きること。与えられた時間を無駄にせず突っ走ることが必要と思うようになった。

従容として死ぬ、というのは「笑って死ぬ」というのとほぼ同じ。笑って死ぬために、毎日全力疾走。後悔せず、笑って死にたい、という思いは今も変わっていない。

一日一生

いつも、伊藤塾の伊藤真塾長が問いかける問いだ。

１人生の目標は何か?

2それはなぜか？

3そのために何をしているか？

私は4に「そのために今日何をしたか？」を付け加えたい。

立派な人生の目的や目標があっても、それに則った一日を送らねば意味がない。普通のことをしていては普通の人生しか歩めない。人より幸せになりたかったら人と違うことをしないといけない。

私も、世の中を明るくするために今日は何をしたか？　自分の力を精一杯出し切ったか？　を毎日自分に問うようにしている。

何にハマっているか

何かにハマることがその人の個性を作るのではないかと思っている。私は野球にハマり読書にハマり空手にハマり…と、なにかにハマって人生を歩んできた。

適度に読書し、適度にスポーツし…という人並みの傾倒の仕方ではなく、いろんなものに耽溺してきた。

「今何にハマっているか」がその人の将来の個性をかたちづくる。

そして胸を張って「自分は○○にハマったことがある」と言えるものが幾つあるかで、その人の引き出しの多さ、懐の深さが解るような気がしている。

だから私はしばしば「最近何かにハマっていますか」と人に尋ねる。私自身も、「何かに今ハマっていますか」と問われて、Ｙｅｓと答えることができるようにしている。

今はホットヨガとフランクル心理学にハマッています！

何を還元するか

畢竟、獲得したものを社会に還元するのが人生なのではなかろうか。

英国人との会話にヒントを受けたのだが、欧米人は日本人よりも「社会に還元する」という考え方を強く持っていると思う。アメリカ大統領が退任後、必ず自伝を書くのもその表れではないだろうか。

人生の前半は獲得し、後半は還元する。

私はまだ獲得途上の身だけれども…。

だれしも生きているうちは、獲得途上の身なのかもしれないが、小出しに還元していかないと、いつまで経っても何も還元できないで生を終えてしまう。

獲得しようという向上心のない者は、何も還元できない。還元しようという貢献心のない者も、良い獲得はできないだろう。

私は何を獲得し、そして何を還元できただろう。私はこれから何を獲得し、そして何を還元することができるのだろう。50歳になって人生も後半戦。より多くを還元して死にたい。

○○を見れば

こんな言葉がある。

本棚を見れば、その人が分かる
食卓を見れば、その人が分かる
友人を見れば、その人が分かる

良い本を読めば良い人格を築ける。だから本棚を見ればその人が分かる。良い物を食べれば健康になる。だから食卓を見ればその人の健康状態が分かる。良い友人と付き合えば、良い刺激を受けてよい人生が歩める。だから友人を見ればその人が分かる。

さらに、30歳や40歳になると、人格が顔に出る。特に笑顔に出ると言われる。だから

笑顔を見れば、その人が分かる

と言われる。実際、筋肉には形状記憶機能がある。顔面の筋肉が「いい笑顔」を形状記憶してくれるように、日頃から笑顔を心がけましょう！

与える美しさ与えられる醜さ

ノブレス・オブリージュ。素質・環境に恵まれた者は、与えられる側に行くのではなく、与える側に行かないと。与えることの喜びを知る者のみを「エリート」というのか。

ホリエモンや村上世彰に人気がなかったのも、彼らは「与える側」にいるべき人間なのに、いまだに「与えられよう」としていたからだと思う。

偏差値の高い大学を出た本来「与える側」にいるべき人間が「与える」人生を送ったとしても、それは当然であって、さほど賞賛するに値しない。賞賛すべきは、「与えられる」境遇に甘んじてもいいのに、進んで「与える」側に周る人だ。そこに人間の精神の美しさがある。世の尊敬を受けるのは「与えられるべき側」にいるにもかかわらず「与える側」に周る人だ。典型例はマザー・テレサ。

逆に「与える」側に行くべき人間がいつまでも「与えられよう」としていると、そこに「醜さ」が垣間見える。こういう「美醜の感覚」は最も大事にしたい。

絶対必然即絶対最善

人生で「自分に起こるすべてが最善だ」と思えるように成長できればベストだ。

たとえば、自分の娘のめぐみさんが拉致された横田早紀江さん。その不幸が「最善だ」と思えることはない。自分の子供が死んだ場合。自分の子供が殺された場合。その不幸が「最善だ」と思える親は、いまい。どんなに修行を積もうと。

しかし、視点を変えてみる。視点には3つある。

1自分の視点（主観）
2他人の視点（客観）
3神・天の視点（天上観、とでも言おうか）

1の自分の視点からは、身内の不幸は、どう考えても、最善にはなり得ない。2の客観の視点でもそうだ。しかし、3の、神の視点、天の視点からはどうか。

たとえば、アフガンの医師・中村哲さんの息子さんは脳腫瘍で10歳で亡くなった。何も悪いことをしていないのに、何の罪もないのに、いたいけな息子さんは、10歳までしか生きられない。10歳なのに、父の中村哲さんに「父さん、運命なんだから、しようがないよ」と、達観したことを言っていた。

中村哲さんは、悲しんだ。憤った。その不条理に。あるべからざる逆縁に。そのマグマと、怒りと、エネルギーが、中村哲さんをして、さらにアフガンでの援助活動に邁進させた。そう、中村哲さんご自身が、お書きになっている。

幼い子を失うのはつらいものである。しばらく空白感で呆然と日々を過ごした。今でも夢枕に出てくる。空爆と飢餓で犠牲になった子の気持ちがいっそう分かるようになった。（中略）公私ないまぜにこみ上げてくる悲憤に支配され、理不尽に肉親を殺された者が復讐に走るが如く、不条理に一矢報いることを改めて誓った。

『中村哲という希望：日本国憲法を実行した男』　佐高信・著

これは、「天の視点」から見れば、息子さんの死にも意味があったということではないか。息子さんが早逝されたからこそ、アフガンで中村哲さんが力を発揮できた、といえる。天の視点からは、すべて意味がある。ないしは、どんな逆境・不運・不条理にも、意味を与える。肯定的な意味を。強引にこじつけてでも。それが「最善」と言えるかはともかく…。

これをキリスト教では、God works in mysterious ways と言う。神の御加護は意表を衝く。天は思いがけない方法で力を及ぼす。

中村さんの息子さんの死も、彼一人だけで見れば、絶対的な不幸。しかし、その死が、mysterious に働いて、父の哲さんを通じて、アフガンの何十万、将来的には何百万、何千万という人の、生命を救うことになった。横田めぐみさんの悲惨な被害にも意味があるように努力する。それが拉致被害回復への道だろう。

こうやって身に起こり、周りに起こるすべての不幸をすべて必然であり、かつすべて最善であると思い込む。それを森信三は「絶対必然即絶対最善」と言った。そう思い込む「こじつけ力」を見につけたい。

幸せの三要素

幸せの三要素がある。

①健康 ②家族 ③金銭

この3つが人を、精神的に安定させる。

ちょっと最近アイツおかしいな、とか、会社で懲戒処分される人とかは、だいたい、この3つのどれかが欠けている。

逆に、①身体は健康で、週末はスポーツに精を出して ②家族にも恵まれハッピーハッピーで、③しかもボーナス◯か月分でウハウハ。

という人は、まず、懲戒処分になるような悪いことをしない。だから、大手の会社では、まずは経済的に安定してもらおうと思って、いろんな福利厚生を与えている。福利厚生とは、単なる「従業員のため」だけではなく、こうやって従業員の精神の安定が会社にプラスになるから「会社のため」でもある。

私の周りや、クライアントの不祥事を見ても、この3つは重要。年末年始にいろんな親族に会ったり、親族周りのいろんな人生模様を見聞きしたりしても、改めて、この健康、家族、金銭が、重要だなあとつくづく感じる。

健康第一。家族第一。貧すれば鈍する。

無常観は諸刃の剣

無常観は二手に分かれる。すなわち、諸刃の剣だ。

世は無常。この世なんて、儚い。人生なんて、一瞬。宇宙から見たら、我々も、地球も、太陽系も、ゴミみたいなもの。

そこから、二手に分かれる。

A どうせ、一瞬の人生なんだから、楽しければいいさ。今が良ければいいさ。享楽的、近視眼的、退廃的な道に進む。

Ｂ　無常だからこそ、現世的利益に拘泥せず、身命を賭して、正義とか勇気とか、高潔な価値の方へ進む。

Ａはダメ人間が歩む道。Ｂは世の先賢たちが進んだ道。

世の先賢たちは、身を鴻毛の軽きに置いて、キリスト教的に言えばKingdom of heavenを夢見て、righteous（義）に生きた。

それをニーチェが積極的ニヒリズムと言ったらしい。私は「健康的なペシミズム」と名付けている。

無常観だけでは不十分。退廃的で不健全な無常観に流されるのではなく、カッコ良く、美しい無常観を身につけましょう。「武士道とは死ぬことと見つけたり」というのは、こういうカッコ良く高潔なＢの無常観のことを言う。

最期にどんな言葉を遺すか

ガンディーのMy life is my message（私の人生が私のメッセージ）は、人生の最後に発した言葉ではないが、人生の最後に発するにふさわしい、カッコいい言葉である。

印象に残っている人生最期の言葉をもう一つ。

イギリスの最高の知性の一人、ジョン・スチュアート・ミルの最期の言葉は

My work is done.

私も、My work is done. と言って、何かをやり遂げた感を抱きながら死にたい。

人生に意味を与える

「人生に意味を求めるのではなくて、人生に意味を与えることが求められている」

『夜と霧』の著者で、ナチの強制収容所を生き抜いた、オーストリアの精神科医師ヴィクトール・フランクルのこの投げかけを、私はこう受け取っている。

「人生の意味を哲学的に煩悶しても無意味。人生と人生に起こるすべての不幸に自分なりの積極的・肯定的な意義を与えることが求められている」

天は意地悪。神は性格悪い。これでもか、これでもか、と逆境を与えてくる。それでも人生とかその逆境に積極的意義を与えてみよ、という壮大な無茶ぶりのボールが天から投げかけられている。

孟子の「天のまさに大任をこの人にくださんとするや…」だ。自分なりに、嘆き悲しみ苦しんで、人生に積極的で肯定的な意味を与えようではないか。

どうせなら、カッコよく、壮大に、雄々しく、素晴らしい意味を与えてみようではないか。

人生は、「人生に意味を与える選手権」だ。生まれた時からスタートの号砲は鳴っている。

人生なんて簡単だ

人生なんて簡単だ。

アメリカの神学者、ラインホールド・ニーバーの「平安の祈り」に従っていけばいい。

1　変えられないものを受け入れる度量

2　変えるべきものを変える勇気

3　両者を見極める知恵

この3つを身につける。それだけだ。

ちなみに、この3つ目の「両者を見極める知恵」はアンガーマネジメントでも使う。多くの人が「配偶者の性格」など「変えられないもの」について怒っているけど…。

人間には二種類しかいない

人間には二種類しかいない。

Giver か Taker か。

Giver ＝与える人。Taker ＝奪う人。利他的に与える Giver か。利己的に奪う Taker か。いずれしかない。

9割は Taker だ。Giver は1割もいない。たとえば、会社を辞めるときに、Giver か Taker かは分かる。「辞めるときに人間性が出る」とはよく言われるし、本当にそうだと痛感する。「利害関係のない人」にどう接するか、に人間性が出るから。辞めたら利害関係がなくなるので、辞めるときに本性を出す人がいる。

「人間性」とは何かと思うと、要するにGiverかTakerのいずれかだと思う。

奪うのではなく、与える人に。

騙すのではなく、騙される人に。

かくありたし。

逃げない

誠実さは、逃げないことから生まれる。

不誠実さのほとんどは、逃げているから。

不誠実のほとんどの要素は、逃げる「弱さ」からくる。だから誠実の多くは、逃げない「強さ」で成り立つ。

言いにくいことを言う。しっかり仁義を切る。辛いけど、やる。誠実な人は、強い人。逃げてはいない。

あなたは、逃げていませんか?

不機嫌な配偶者から。ウザい上司から。生意気な部下から。いけすかない同僚から。思春期の子供から。頭の硬い両親から。モンスタークライアントから。面倒くさい仕事から。


何からも逃げていません! という人はほとんどいないはずだ。

逃げない。すべてはそこからだ。私は、もう何年も携帯電話の待ち受け画面は「逃げていないか」という文字にしている。


では、なぜ「逃げない」のが大事か。

人間だから、どうしても、逃げることはある。私だって逃げることはある。でもそれで、味をしめるとまた逃げるようになる。逃げたことで成功体験を積んでしまうと、また逃げる。逃げるのが癖になる。そしてどんどん卑屈になって、どんどん不誠実になる。不誠実のスパイラルだ。

だから、日頃から、どんな小さいことでも「逃げない」のが大事。日頃の小さなことから「逃げない」訓練をしておく。

常住坐臥、逃げない。日頃の、そういう「呼吸」というか「姿勢」が、人格を作っていく。それがやがて、品格になり、風格になる。自戒を込めて。

劣化に責任を持つ

『潜入　旧統一教会』（徳間書店刊）の著者・窪田順生さんとお会いさせていただいた。この本は、自分の目で見てきたことしか書いていないから、いちいち迫真性がある。

その窪田さんから、メディアの劣化の話を聞いた。従軍慰安婦の件で、天下の朝日新聞が謝罪したり…。テレビ見なくなった↓広告収入が減った↓取材費が減った↓記事や内容が劣化した↓さらにテレビ離れ…という「負のスパイラル」に陥っている。

各界の劣化の話は、よく聞く。法曹会の劣化。政界の劣化。メディアの劣化。学会の劣化。教育界の劣化。

たしかに劣化している部分はあろう。でも進化している部分だってあるはずだ。20年前はパワハラなんて言葉はほとんどなかった。徒弟制度のような、奴隷扱いのような、酷い人権侵害が横行していた。少しずつだが、進化している部分は多い。

劣化を嘆かない。劣化を人のせいにしない。劣化を、その業界のせいにしない。

みんな国民のせい。みんな自分のせい。

メディアは、日本の縮図。政治は、日本の縮図。だったら、法曹界だって、日本の縮図。学会も、医療業界も、ＩＴ業界も、不動産業界も、日本の縮図。

他責しない。みんな自分のせい。自分で、責任をもつ。自責する。自分に何ができるか。それを考えずに、批判ばかりしていてはいけない。

そういう、なんでも「自分ごと」として捉える「当事者意識の高い」人を育てる。社会に「責任」を持つ。そういう人が一人でも増える。それが民主政社会のあるべき姿だろう。自分に何ができるか、を問い続ける。できることを、やる。やるべきことを、やる。「そこまでやるか」を、どこまでやるか。

真の「自由人」とは

五十にして天命を知る、と言う。

この「天命」とは、ドン・キホーテ的「志」なのではないか、という問題提起をしたい。

志とは、夢とは違う。夢とか野心は、自分だけのもの。自分がどうなりたい、有名になりたい、お金持ちになりたい、世界一周旅行したいなどなど…。一方、志は、他者のために生きる意思だ。

さらに思う。「志」すなわち「天命」とは、「やりたい」ことではなく、「やるべき」こと。

Freedom is not the right to do what we want ; it is the right to do what we ought

…自由とは、やりたいことができることではなく、やるべきことができること。

という、リンカンとかヨハネパウロ２世の言葉における〝do what we ought〟だ。

「やりたい」ことをやっていますか？　それを超えて、「やるべきこと」をできていますか？

今のポジション、環境などを見て「自分が本当にやるべきこと」を認識して、「やるべきこと」をできるのが、本当の自由。

この文脈での「自由人」はほとんど「義人（righteous person）」と重なる。義人は、自由人。世に自由人は、案外少ない。

やるべきことをできるだけの、恵まれた能力と、環境と、経済的基盤がある。独立している。だから、義人は、自由人。

「自由な人」を目指しましょう。自由にやるべきことのできる力を身につけましょう。力なき正義は無能なり。

逆境への対処方法

酷い事件、辛い逆境に対する対処法は、大きく以下の三つがあるような気がする。

私も実はいまちょっとそれに近いストレスを感じているのだが（また帯状疱疹っぽくなっている）、その「試練」をどう咀嚼すべきか、いろんな人に話を訊いているなかで、以下の三つがあるな、と気づいた。

1 自責する

他責するのは精神衛生によくない。みんな自責してしまうのがいい。他者はコントロールできない。自分はコントロールできる。自分の心と精神の成長のみが、コントロールでき、変えることができる。

人間関係のトラブル・ストレスは、少なくとも1～2％は自分に非がある。その1～2％を、ドM的に、「100％自分が悪い」と拡大解釈する。50倍に拡大自責する。

この「50倍の拡大自責」は、ある程度の、人格的に成長した人には、とても効く。他責ばかりのお子ちゃまには、いきなりこの「50倍拡大自責」は難しい。

2 偶然だと捉える

しょうがない。生きてりゃ辛いこともあるよ。交通事故みたいなもんだよ。縁がなかっただけだよ。犬の糞を踏んだみたいなもんだよ。泥棒に追い銭を上げるようなもんさ。授業料を払ったと思って我慢しよう。と「偶然」として受け流す。

3 必然だと捉える

なんでも試練。なんでもプラスに考える。

孟子の「天のまさに大任をこの人に降さんとするや」とか、聖書の「耐えられない試練は与えない（He will not let you be tempted beyond what you can bear）」とか。

自分にこの試練が与えられたのは、何かの意味があったんだ、この偶然も必然だったんだ、という「こじつけ力」を発揮する。森信三の「絶対必然即絶対最善」というのは究極の「こじつけ」です。

この3つは、どれかだけというのではなく、3つ全部を感じて納得するのがいいのかもしれない。どんなヒドい試練も、何かの意味がある。ポジティブに、自責して、自分を成長させる「糧」に転化する。

「逆境・不運・不幸」を「成長への糧・試練」に変える力が、人間の器であり、フランクルが言う「刺激と反応の間のスペース」だ。辛い「刺激（逆境）」を受けても、それにどう「反応」するかには、人それぞれの自由がある。

メメント・モリ

ある知人と長く過ごした。「中山さんは仕事のみならず、家庭人としてもすごいですね」というふうに言われた。自分では特にすごいとは思わないが、私が人と違うところがあるとすれば、たぶん、人より死を身近に感じていることだろうか。メメント・モリ。

いつ死んでも悔いがないように生きている。いつでも笑って死ねる準備をしている。死ぬときには周りに感謝して笑って死にたいと思っている。

すべて、「笑って死ぬ」ために逆算している。笑って死ぬためには後悔しない。後悔しないためには、仕事も家庭も全力投球。武士道の「死ぬことと見つけたり」とはこういう意味だと理解している。

すべての努力は笑顔に向けられている

子供や学生が勉強するのは、いい学校に行って、人生の選択肢を広げるため。小学生が「世のため人のために勉強」することはほとんど無理だ。

私が東大法学部を目指したのも、「日本で一番の大学になら、立派な人間がいるだろうから、そういう人と切磋琢磨したい」という動機だった。世のため人のため、とは言えない。

大学生が勉強するのは、いい就職をするためという動機もあろうが、この辺から「世のため人のため」という動機も出てくる。

より長じて、家庭を作ったり就職したりして、配偶者との関係に悩んだり、子育てに悩んだり、職場の人間関係に悩んだり……。そこで逃げるにせよ、闘うにせよ、耐えるにせよ、すべての努力の方向性は、やはり、自分や他人の笑顔のためにある。笑顔でいられる環境を求めて人間は努力する。そして、年を取れば取るほど、「他人のため」という要素は増える。

小さい人間は自分の笑顔だけを求め、大きい人間は他人の笑顔のためにも生きる。いずれにせよ

「笑顔」のため。どうせ生きるなら、より多くの笑顔のために生きたいものである。

人生は自由を求める旅

これまでに、もう１００人以上の人から「いつ政治家になるんですか」「いつ選挙出るんですか」「早く政治家になって」と言われてきた。

私は、弁護士にも向いていると思うけれど、政治家に適性はあるとも思っているし、野心と興味はある。ただ、政治家にならない理由は「今の自分が自由すぎる」から。

口幅ったい言い方だが、オーナー兼社長の事務所で、好きなように振る舞って…。自由を求めて努力してきたからだが、こんなに自由な人はそんなにいないだろうと、恵まれた幸運と縁に感謝している。

人生は、自由を求める旅だ。自由の獲得に向けられた営みだと、そう思うようになった。

たとえば…

・勉強して、いい学校入って、いい就職をして、高い給料を目指す。
・満員電車が嫌いだから、年収を上げて、都心に住む。
・ウザい上司が嫌いだから、転職する／独立する。
・できない部下に耐えられないから、ボスになって、気に入った人を雇う。

・お金持ちと結婚して経済的に苦労しない（玉の輿）。
・しっかり稼いで、しっかり資産運用して、金銭的ストレスから開放される。

こういう「自由」を求めてきて、かなりの自由人になってしまった。それだけに、いろいろなしがらみ、人間関係があって「不自由」そうな政治の世界へ飛び込むのにはハードルがさらに高くなってしまった。不自由の極みみたいな政界で頑張っている政治家の方々には頭が下がります！

いつでも死ねるように

庭木の剪定をした。1か月か2か月に一度くらいは、チョキチョキ気になるところを切る。拙宅は私道の前にあるため、お隣二軒しか家の前を通る人がいない。だから人通りは少ないが、やっぱり庭木がボウボウ伸び放題だとみっともない。

1か月くらい、伸びっぱなしになっていたのが気になっていた。少年野球がなかった日の休日に、比較的時間と気分に余裕があり、娘と一緒にチョキチョキと。

切りながら思ったのは、庭木の剪定って「死ねる準備をすること」だよなあと…。江戸時代の武士は、いつでも死ねるように、きれいな白いふんどしを履いていた。いつ死んでも、死体を調べたときに「あぁ、こいつの褌は汚えな」と思われたら、生前どんな立派な言動をしていても、その人は武士の嗜みがないとされ、蔑まれた。

それは、死が身近にない現代人でも同じこと。我々だって、いつ死ぬか分からない。いつ死ぬか分からないから、いつ死んでもいいように生きる。それが武士道だ。葉隠の「死ぬことと見つけたり」という言葉は、そのことを表現している。

私がいつなんどきポックリ死んでも「お、この家の庭木はちゃんと剪定されている」ということが、私の評価を決する。私が死んだときに、私の家を訪う人が、庭木がボウボウであるところを見たら「あぁ、中山達樹さんは、教養ある人のふりをしていたけど、この荒れた庭はちょっと残念ですね」と思うだろう。いつでも死ねるように、自分の部屋などももっときれいにしよう…。

フランクルのコペルニクス的転回

『夜と霧』の著者ヴィクトール・フランクルは「自分が人生に何が期待できるか」を問うのではなく、「人生が自分に何を期待しているか」を問えという。精神世界にコペルニクス的転回を起こさなければいけない、という。

果たして私に何が期待されているのか…。これは人生の「SHOULD」を考えるということだ。

10代のころは、何かを「したい（WANT）」ばかり。女にもてたい、野球で勝ちたい、いい大学に行きたいなど。

20代になり、世間の波に揉まれると〝お、私より遥かにできるやつがいるな〟ということに気がついて、自分に何ができて（CAN）、なにができないか（CANNOT）が分かる。

30代になると、家族や子供もできて、SHOULDつまり自分が人生でなにを「すべき」かを考えるようになる。

つまり、10代はWANT。20代はCAN。30代以降はSHOULD。

私ももっと私は何をすべきか、つまり「人生が自分に何を期待しているか」を問い、我がMISSIONを意識しよう。

秋の夜長の人生論

人生の目的は？　笑って死ぬこと。

秋の夜長に、すっかりと暗くなった夜空を、書斎から見上げて、ふと、人生の目的は何だろうとの思いに耽った。毎日朝早く起き、多くのクライアントの相談を受け、時には裁判所にも足を運ぶ。そして、それなりの報酬を受け取る。家族をこよなく愛する。そんな毎日を、私はなんのために過ごしているのだろう。

見上げる空から、神様の声が聞こえたわけではないが、私はぶれないではっきりと、そして深く心の奥深くにとどめている言葉がある。

私の人生の目的は唯一つ、笑って死ぬためにある、と。私のすべての営みは「笑って死ぬ」ためにある。これは利他的ではない。自己中だ。自分のため。

自分が死ぬときに、笑って死にたい。ジタバタ見苦しく、もがいて、悔やんで、愚痴って、罵って、呪って、泣き叫んで、見苦しく死ぬのではなく。病気だろうが事故だろうが、どんな死に方をしてもいい。でも死ぬ瞬間には、笑って死にたい。

もっと具体的には、周りに感謝して死ぬ。

「妻よ、ありがとう。子供たちよ、ありがとう。スタッフのみなさん、ありがとう。父さん母さん、ありがとう。あんちゃん、ありがとう。クライアント様、ありがとうございました。その他皆さん、ありがとう。」と言って。要するに、悔いを残さずに死にたい。悔いを残したら笑って死ねない。だから悔いを残さずに死ぬ。

じゃあ、どうやって悔いを残さずに死ねるか？　一日一生、毎日を懸命に生きるだけだ。毎日を後悔せずに生きる。一分一秒たりとも無駄にしない。私が業務効率化に凝るのは、ここからきている。

いつ死んでもいいように生きる。いつ死んでも笑って死ねるように準備する。毎日「今死んだら私は笑って死ねるかな」と自問自答する。常住坐臥、死を身近に感じる。死を脇に置いておく。メメント・モリだ。『葉隠』ではこの工夫を「常住死身」と言っている。

「おい、お前、今笑って死ねるのか？」と自分に問いかける。今この瞬間に隕石に頭をかち割られても。今この瞬間に交通事故に遭っても。今この瞬間に「腹を切れ」と言われても。

これが私の死生観であり、人生観。これ以上でもこれ以下でもない。

人生の楽しみは…

人生の楽しみはどこにある?

出世すること? 預金通帳の金額を増やすこと? Facebookの友人やTwitterのフォロワー数を増やすこと? 息子や娘がいい学歴をつけること?

いろんな考え方があろう。

最近、人生の楽しみは「本音を言える人間関係を増やすこと」にあるのでは、と思えてきた。

単に「友人を増やす」のではなく。友人が多くても、本音を言い合えなければ、それは真の友とは言えまい。

コロナも関係しているが、アラフィフになると飲み会は減る。みなそれぞれの事情を抱えている。親の介護とか子供の教育とかで、忙しい。友人に割く時間よりも、家族へ割く時間が増える。そんな「あまり人に会わなくなった」状況から「本音を言える関係を築くこと」のありがたみを強く感じている。

円の一部になれ

１０５歳まで長生きした聖路加病院の日野原重明先生が、すごく良いことを仰っている。

大きなビジョンを描きなさい。たとえ自分が生きている間に実現できなくとも、円の一部にしかなれなくても、後に続く者たちがいつかその円を完成してくれる。

いいですね。これはまさに「野心」と「志」の違いを言い当てたものでしょう。

自分で完成・達成できる、利己的な小さな円が、野心。
自分では一生かかっても達成できない、利他的な大きな円が、志。

20代とか30代前半くらいまでは、稚気ある野心を持っていてもいい。経済的な成功を追い求めてもいい。自分で描いた円を自分で完成させて、悦に入っていてもいい。

でも、30代後半とか40代になったら、そんなチンケな野心を捨て、志を高く持ちましょう。自分一人では、自分の一生では到底完成させることができないどデカい円を描いて、嬉々としてその一部になって、完成途上で、前のめりに、死にましょう。

私も、「同調圧力が低く、みんなが自由な日本」っていうどデカい円の一部になって、前のめりで、死にます。

偉大な者は誤解される

To be great is to be misunderstood.

偉大であるということは、誤解されるということ。オバマ大統領も愛したラルフ・ウォルドー・エマソンの言葉。

偉大すぎると、凡人の理解を超え、嫉妬され、やっかみを受けるので誤解される。批判は嫉妬から始まる。心ない批判が誤解を助長する。

古くはイエス・キリスト。ユダヤ人に誤解され十字架に掛けられた。

笹川良一もそうだ。佐藤誠三郎東大名誉教授が『正翼の男』という本で書いている。左翼でも右翼でもない、正翼。実は「異次元からの使者」と言えるほど、立派どころか「立派すぎる」人間だった。また、日本電産の永守重信さんの本に、京セラの稲盛和夫さんを抜いて、日本電産が京都イチになった話しが出てくる。何で京都イチか。

悪口で。

聖人君子のような稲盛和夫さんも、京都の料亭では最も悪口を言われていた。偉大だから、悪口を言われる。悪口を言われないようでは、雑魚だということ。カスだということ。悪口を言われて喜ぶようでないといけない。

To be great is to be misunderstood. …偉大な者は誤解される。

理解されようと思うな。誤解を楽しめ。

背伸びせよ

作家の林真理子も、常に背伸びをしてきた。

「背伸びをするから、成長できる。背伸びなくして、成長なし。」（『成熟スイッチ』林真理子・著）

林真理子が言うと、説得力がある。英語ではFake it till you make it. と言う。

最近思うのは、「背伸びをする」ということは、「or ではなくandを選択する」ことと、ほぼ同義。

「あれをするか、これをするか」というorではなく。「あれもして、これもする」と、andで考える。

「これをしたら、それができなくなるから、どっちかを選ぶ」ではなく「これをしたら、それとの両立が難しくなるけど、ええい、まあやってみるか」と考える。この「andで考える」ことが、「背伸びをする」ってことだと思う。

私も10年前、ある研修でアフリカに行こうとしたけれど、事務所設立直後だったので、部下の教育とキャッシュフローを優先して断念した。orで判断してしまった。少し後悔している。andで判断してアコムから借金してでも行くべきだったと。

どう記憶されたいか?

毎週金曜夜は、渋谷で空手の稽古指導。

40歳の道場生から「中山さん、人生の目標ってなんですか」と問われた。さまざまな切り口から回答したけれど、「人生の問い」のヒントになる問いかけは「どう記憶されたいですか」だよね、という話をした。

この「何によって憶えられたいか」は、経済学者のドラッカーがいつも自分に問いかけていた問いだ。

「私が13歳のとき、宗教の先生が、何によって憶えられたいかねと聞いた。だれも答えられなかった。すると『今答えられると思って聞いたわけではない。でも50になっても答えられなければ、人生を無駄に過ごしたことになるよ』と言った」

(ドラッカー名著集『非営利組織の経営』より)

「死ぬ時に、どういう人間だったと記憶されたいですか」に対する答えには、チャレンジした人間。

人を笑わせる人。利己的な人。自己中な人。現金な人。お金を稼いだ人。部下をいじめた人。人を育てた人。リスクを取った人など、いろんな記憶のされ方があるだろう。

キャリアに悩む方、人生観に悩む方、人生の意義に煩悶されている方、人生の岐路に立たれている方、大きな選択肢の前に逡巡されている方。そんな方々には「どう記憶されたいのですか」という問いかけは、とても効果的なはず。これは自己のアイデンティティに関わる、大きな問いだからだ。

ちなみに私は「いつもリスクを取って挑戦する人だった」と記憶されたい。

ユーモアとは、にもかかわらず笑うこと

ドイツに、ユーモアとは「にもかかわらず」笑うこと、という言葉がある。

みんなが笑うときに、笑うのは、ユーモアではない。

普通、笑わないだろう。いや、普通、ここで笑っている場合じゃないだろう、という場面で、それでも、笑う。…にもかかわらず、笑う。西洋風の、ちょっとクスッとくる、ピリッと効くユーモアの多くは、こういう、「それにもかかわらず、笑う」シチュエーションが多い。

人生そのものも「にもかかわらず笑う」ことが求められている気がする。

「いや、辛いよね。ほんと、惨めだよね。マジ、ムカつくよね。とても、許せない。」そんなときに、にもかかわらず、笑う。それがユーモア。

要するに、痩せ我慢なのかもしれない。

辛ければ泣くのか。痛ければ泣くのか。嬉しくて喜ぶのか。不条理に憤るだけか。そういう「普通の人が表現するような喜怒哀楽」を卒業するのが、大人への、一流への、道。

偉大な人格は、ドMである。ベンチャー経営者も、ドMでなければやってられない。いや。普通は「辛い」と思うことを「辛いと思わず」やるから、天才になれる。実績を残せる。

大谷翔平がいい例だ。彼はたぶんすごく努力している。でもそれを「努力」と思っていない。楽しんでいる。努力を努力と思わない。そういう人が、天才と言われる。

逆境を逆境と思わない。葉隠にも言う。

「大難大変に遭うては、歓喜踊躍《かんぎゆやく》して、勇み進むべきなり」

英語でも言う。

Grin and bear it.

単なるbear it（我慢する）だけではない。Grin（笑う）する。痩せ我慢で、笑う。意地を張って、笑う。片意地を張って、昂然と、胸を張る。

にもかかわらず、笑う。

ユーモアどころか、人生の諸々に立ち向かう大事な積極精神。

私の愛読書『李陵』にある「運命を笑殺する」ということ。黙殺でも、忍耐でも、無視でも、抵抗でもない。運命を、笑殺する。笑ってやり過ごす。そこにカッコよさがある。

私はそうありたい。

何かと戦っていますか

アメリカで、企業の社長10人くらいと会って、思う。

売上が◯◯円、従業員が◯◯人などの、定量的な、会社規模の話は刺さらない。40代前半までは、私もそういう話に敏感だったかもしれない。

しかし、今は「この人は何と戦っているんだろう」という、定性的なところに、興味がある。40代後半から50代になって、ある程度、立場的にも経済的にも余裕ができれば、何かと戦っていないと物足りない。

世の理不尽に対して戦っていないと、物足りない。恵まれた状況を活かして、世のため人のために戦っていないと、ちょっと私とは違う世界の住人かなという気がしてしまう。

何かにワクワクすることはだれでもできる（ワクワクすらしていない人がほとんどだけど）。何かに挑戦することも、多くの人はできる。

でも何かと「戦っている」人は、多くない。

「何かと戦っていますか？」と問われて、常に〝ＹＥＳ〟と言える自分でいたい。

私は、お花畑の抽象的でつまらないコンプライアンスと、日本の強い同調圧力と、宗教弾圧と、戦っています！

前のめりで戦って死ぬ

ワクワクした人生を送りたい。何かに常に挑戦していたい。

私は、いつも自分に「ワクワクしていますか」「何かに挑戦していますか」と自問自答して、常に〝YES〟と即答できる自分であろうとしている。

では「ワクワク」ってなんだろう。「挑戦」ってなんだろう。その「ワクワク」「挑戦」の解像度を上げてみた。

ワクワクも挑戦も、単に何かのレベルアップを目指している、だけではない。それでは甘すぎる。TOEIC900点取りたい、TOEFL100点取りたい、マラソンサブスリーしたい、トライアスロンのオリンピックディスタンス完走したい、という挑戦は甘い。そんな利己的なワクワクはつまらない。自分のための挑戦では、つまらない。

それは野心であって志ではない。野心と志の違いは、利己と利他の違い。

自分のためではなく、世のため人のための挑戦をした方がカッコいい。天下国家のためにワクワクしたほうがいい。巨悪と戦う方がワクワクする。不条理に立ち向かう方がエビ反る。世直しをする方が、かっこいい。

それが、志だ。

だから思う。ワクワクするのも、挑戦するのも、リスクを取るのも、「何かと本気で戦っていますか」という問いと同義じゃないか。

戦う相手は何でもいい。

自民党の体たらくなのか。男尊女卑の世の中なのか。誤った資本主義なのか。同調圧力の強い横並び主義なのか。旧態依然の会社体質なのか。マスコミの偏向報道なのか。なんでもいい。

戦う相手を見つける。巨悪に立ち向かう。

それがワクワクする、挑戦する、リスクを取る、ってことの本質、究極のあるべき姿じゃあないか。

一人では絶対に倒せない相手に、周りを巻き込んで立ち向かう。一生かかっても倒せないような悪党に、ダメ元で戦いを挑む。ドン・キホーテと嗤《わら》われようと、大きな理想・志に向かって挑戦する。自分一人で完成する小さな円を描くのではなく。自分一人では到底完成できないような大きな円の一部になる。

それが本当に生きがいのある人生では。単に目先の、自分のための、小さなプチ目標に、ワクワクして挑戦していては小さい。

どうせなら、巨悪と戦おう。

「斃《たお》れて後已《や》む」

その精神で、前のめりで戦って死ぬ。死ぬ時は前のめり。私はブルシットコンプライアンス、日本を覆う同調圧力その他の巨悪と戦っています！

勇ましく高尚な生涯

宗教家・内村鑑三の講演録『後世への最大遺物』は永遠のベストセラー。グロービスMBAでも必読の書とされている。この中に珠玉の言葉がある。

「勇ましく高尚なる生涯」という言葉だ。

この言葉のせいで、この10文字のせいだけで、この本は不朽になった。その意味で、日本文学史上に残る10文字。歴史上、燦然と光り輝く10文字。最も価値のある10文字。私は古今東西の多くの本を読んできたが、この「勇ましく高尚な生涯」に優る人生観に出会ったことはない。

金も、事業も、文章も残せなくていい。だれでも勇ましく高尚なる生涯を残せ。

勇ましいだけではだれにでもできる。ヤクザだって勇ましい。高尚なるだけではだれにでもできる。真面目な会社員は高尚と言えよう。しかし、勇ましく、かつ、高尚であることは、とても難しい。

まずは、毎日勇ましく、高尚な一日を送ることから。

辞めるときに人間性が出る

人は、会社を辞めるときに如実に人間性が出る。
１　立つ鳥跡を濁さない君子
２　立つ鳥跡を濁す小人
３　立つ鳥跡を濁すどころか、糞尿まみれにして去っていく極悪人
わかりやすく分けると、この三段階がある。

人生を辞すときも同様だろう。

1は、周りに感謝して、笑顔で、従容として、秋の涼風の如く、死んでいく。

2は、いろいろ後悔をして、未練を残して、ウジウジ死んでいく。

3は、周りに愚痴って、悪態つきまくって、恨みつらみを残して、迷惑をかけて、後は野となれ山となれ的に死んでいく。

会社を辞めるときに人間性が出るなら、死ぬときにも人間性が出るのは間違いなかろう。いい死に方ができるように、いい人間性を磨いておかねば。死に方に生き方が表れる。

だれが墓参りに来てくれるか

私は、認定コーチとしていろんなクライアントに対してコーチングをしている。そこで学んだ素

晴らしい話。

あるクライアントのご母堂は、死後、親族以外の知人から、墓参りをしてもらっている。お花を捧げてもらっている。

いろんな人生があまたあれど「死後に、親族以外からお墓参りをしてもらえる」人生というのは、まちがいなく成功した人生だろう。

人生というのは、有名になることでも、学歴を得ることでも、子供が立派になることでも、預金通帳の金額でも、フォロワー数でもない。

「死後に、親族以外からお墓参りをしてもらえる」か。そう言えないだろうか。

そんな価値観を大事にして、私も生きていきたい。

今ここで私が死んだら、親族以外のだれが、私の墓参りに来てくださるだろうか…指を折ってみるけれど、ちょっと心もとない。まさに不徳の致すところ…。なお、私の墓は冨士霊園になる予定なので、遠いですね！

人生の貯金をする

草柳大蔵が『礼儀覚え書』で書いていた。「与える人生を歩む人は、いずれ人から与えられるようになると思うんです」と。

決して、「与えてもらおう」とか「貯金を返してもらおう」という、見返りを求める打算では与えることはできないし、「人生の貯金」を蓄えることはできない。

見返りを求めない、無償の愛を、いろんなところに、注いでおく。「袖触り合うも多少の縁」で、だれに対しても、誠実に生きる。少しでも世の中をよくしようとする。人生の貯金をするということだろうか。

自分が生まれた時よりも、死ぬ時の方が、いい世界になるように、謙虚に、尽力する。そういう人が「人生の貯金」をする人。

要するにGiverだろう。そんな「与える」人生を送って来た方は、死ぬ時に何らかの形で、天が利息をつけて、返してくれる。

与える人生を送っていると、いつの日か返してもらえる。亡くなる直前に、幸せに死ねる。ホスピスに、たくさん知人が訪ねてきてくれたり…。実際はそうならないけど、そう信じて生きるのが信念とか信仰なんだろう。

人生の貯金をしよう。天は見ている。

1%の自責

最近私がコーチとしてクライアントに問いかける、「1%の自責」ネタ。

要するに、他責せずに自責しましょう、というシミュレーション。ワークショップだ。もとは、私のコーチの一人・三宅裕之さんに教わったものを、私がアレンジして、何回かコーチングで使って評判がいい。自家薬籠中のものに仕上がりつつある。

そこで、紹介します。1%の自責。

1 最近、とってもムカついたことを思い出してください。

2 そのムカついたことは、一見、「100%相手が悪い」のであって、自分は全く悪くないと考えがちでしょう。しかし、あえて、「自分にも少なくとも1%の落ち度があった」といえないでしょうか。

3 たとえば、スタッフの横領があったとする。原因は（特に社長であれば）

(1)その程度の人材しか雇えなかった自社のブランドのなさ
(2)その程度のスタッフを採用してしまった人を見る目のなさ
(3)その人の横領癖を気付けなかった自分の眼力のなさ
(4)複数人チェック体制を取れずにその人にその仕事を任せた経営力のなさ

このように、１％どころか、20％とか30％くらい、自責することができる。

こうやって、１％の自責ポイントを顕微鏡で拡大して、自責のパーセンテージを上げる。そうすると、他責どころではなくなる。

こうやって、どんなムカつく事例でも、「１％の自責」ができる。人間関係は、１００ vs ０ということはないから。

人は、他人を変えることはできない。でも、自分は変えることができる。

他責していると、不機嫌・後ろ向きになる。自責していると、上機嫌・前向きになる。

仮に、「どうしても自責ポイントが見つからない。相手が１００％悪い」と言える事例があったとする。その、１％たりとも自責できないものは…実は、ムカつくに値しない。呆れるべき、軽蔑すべき事案なんですね。

ですから「ムカついた場合は常に自責できる」のだと思います！

私の愛読書 ❻

爽やかなる熱情

電力王・松永安左エ門の生涯　水木楊

電力の鬼・松永安左エ門は、あまりにもバイタリティがあって人間離れしていたため、周りから「突然変異（Mutant）」と渾名された。私も、安左エ門の如くバイタリティある人生を送りたい。

95歳で死んだ安左エ門の、最晩年の顔が、とても美しく魅力的。私も彼のように魅力的な顔になって、死にたい。

第7章

聖と俗

——自己犠牲の人生

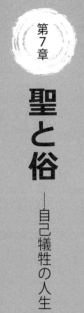

弁護士という、ゼニ・カネの世俗に塗《まみ》れた争いに関わる仕事だからこそ、世俗の反対の聖なるもの、美しいものとのバランスを取らないといけない。

カタツムリの角の上で

私には信仰はありません。

しかし、人智を超えた何物かを畏れるpious（敬虔）な心、神仏に頼らずとも尊ぶ心、孟子の言う「俯仰天地に愧じず」という心はある。むしろ、人智を超えた造物主なんてオカルトでしょ、という唯物論者的な人は信用できないと感じる。

たとえば、心理学者の河合隼雄さんの「わて、河合してまんねん」が好きだ。花を見て「あんた、花してはりまんの？　わて、河合してまんねん」と言ったエピソード。

花が存在しているのではない、存在が花している。そんな発想の転換をしてみるのも面白い。ところで「敬虔なクリスチャンは、どんな相手の中にも神性を見出す」とか、高僧はどんな人の中にも仏性を見出すとか言われる。喧嘩をしている相手の中にも、イエスが宿っていると考える。人非人の奥底にも、隠れた神がいると考える。

私にはまだそこまで考えられないけれど…。森羅万象を、一つの生命と見るというのか、ガイア理論というのか、もっと大きな世界というのか、宇宙がOne Life（一つの生命体）かのように考えることは興味深い。

人間の身体の細胞もそうだ。一つ一つの細胞、細胞Aと細胞Bは別々のモノだと思っている。それで、いがみあっている。でも、それら何万何億の細胞が集まって、一人の人間という一個の生命体を形成している。

我々人間も、甲さんと乙さんは、別の人間だから時にはいがみ合う。しかし、そんな仲の悪い甲乙の争いも、宇宙的観点からすれば「蝸牛角上の争い」（白居易の漢詩）にすぎない。

つまり、カタツムリのツノの上で、何を陣地争いしてるんだ。バカじゃないか。そんなちっぽけな争いなど宇宙から見たら、塵以下の、取るに足らない、くだらない、馬鹿馬鹿しい、屁みたいなもんだよ、と。

この漢詩の最後がいい。不開笑是癡人。口を開けて笑わざるは是れ癡人《ちじん》。大笑いしない奴はバカだよ、と。

人生は実験なり

知人で「人生は実験」と、仰る方がいた。

目的達成のための、実験。自分の信念というか仮説を検証する実験。一度っきりの人生を賭けて、壮大な実験をする。命懸けで。人生を賭けた、仮説を立てて、それに勇往邁進、ドカンと勝負！

人生を実験と考える方は、なんだか飄々としているというか、チャレンジ精神があるというか、積極性があるというか、とても好感が持てた。身を鴻毛の軽きに置いた、名利を離れた、括淡とした清々しさを感じた。

私も、10年前くらいから白スーツを着たりして「日本の同調圧力を低くする」という「人生を賭けた実験」をしている。この「人生を賭けた実験」というのは「志」に近い。

全部必然と「引き寄せの法則」

「人間は、自分の性格に合った事件にしか出会わない」。小林秀雄が言ったとされるが、中島敦が『李陵』で言った言葉。そんな「必然」を、最近とみに思う。

私が、世界平和統一家庭連合の事件に出会って、引き受けたのも、全くの偶然だが、ある意味必然だったとも言える。

私が、この7年くらい白スーツを着たりして「日本の同調圧力を打破する」運動をしている。Speak upしようぜ、自由であろうぜ、男とか女とかの垣根をなくそうぜ、忖度やめようぜ、自分で考えようぜ、といった活動だ。

その私の「人と違うことをしよう」という姿勢が、私をして、批判の多い家庭連合案件を引き受けせしめた。私がリスクを取らない弁護士だったら、この案件を引き受けなかった。友人弁護士に助力をお願いしたけれど「いやあ、とてもそんなリスクは取れません」と正直に断った弁護士もいらっしゃる。リスクを取る覚悟がないと、引き受けることができない案件。私が日頃から「リスク取ろうぜ」と言っているから、断われなかった案件だ。あまり好きな表現ではないが「引き寄せた」とも言える。

すべては偶然であり、かつ、必然だ。

「人はその性格に合った事件しか出会わない」という言葉が、今の私には、とても鋭く刺さっている。

刺激と反応の間のスペース

アウシュヴィッツで迫害を受けた精神科医・ヴィクトール・フランクルは、「刺激と反応の間のスペース」を使おうと言った。どんな嫌な「刺激」に対しても、我々は自由に「反応」を選ぶことができる。

天を恨みたくなるような、驚天動地の迫害を受けたとする。そんなときにも、天を恨まず、人を咎めず「刺激と反応の間のスペース」を使って前向きに捉える。そのスペースの使い方に、我々の自由と、成長がある。

名画『ライフ・イズ・ビューティフル』は、アウシュヴィッツの、あの過酷な収容所の中でも、ユーモアと希望を忘れない人を描いている。映画の中だけではない。実際にいた人の実話だ。刺激と反応の間のスペースを使い、あの状態でも明るく振る舞っている人がいた。そんなことを教えてくれるのがこの映画。

家庭連合のみなさんにとっては、今はとてもライフ・イズ・ビューティフルとは言えない状況でしょう。…私もそうです。Life sucks とか Life is f++king bull shit とか罵りたくなる…。

しかし、この刺激と反応の間のスペースで、品位と、自由と、成長を見出す。

5年後はまだ難しいかもしれない。10年後、30年後には、本当に、心の底から、Life is beautiful！ と叫びたくなるような世の中を実現する。

私が今考えているのは、家庭連合のことのみならず、日本全体のことだ。あと5年は、変な日本は続く。でも、私も、人の親として、日本人として。日本が変な方向に進んでいるのを座視しているわけにはいかない。

立派な、誇らしい、品位ある日本を築くために、できることをやり切る。Life is beautiful！ と言って死にたいものだ。

人の価値はいずこにありや

人の価値は物質的財産では測れない。せっかく獲得したその財産も、１００年後にはほとんど残らない。形あるものはすべて滅びる。

また、すべての知的営為も、古今東西の叡智の何万分の一かを、形を変えて伝えているだけ。さほど誇るに値しない。伝えている本人は、単に古人の英知を、形を変えてあてはめているだけの、媒体にすぎない。どんなに知的能力や知識の多さを誇っても、本人の独創なんてものはほとんどなく、その脳には、他人の紡ぎだした言葉や概念が詰まっているだけ。知的優位を誇る人も、ちっぽけな、空っぽの、入れ物にすぎない。

このように、物的財産の多寡で人の価値を図ることができないのと同様、知的財産の多寡で人の価値を図ることもできない。

では、人の価値はいずこにありや。

人の成長とは、自分を無に近づけること。最近、そう思うようになった。

偉大な人格ほど無私に近づき、その人の個人的な夢とかを実現させるのではなく、民の声なき声を、伝える。漱石の「則天去私」や西郷の「敬天愛人」というのは、そういうことだろうと思う。最近、新井奥邃《おうすい》という人が「有神無我」と言っているのを知った。これも同じこと。

今生きている民だけではなく、過去に生きた民や、今後生まれる民をも、代弁して。過去、現在、未来の民の、声なき声を、代弁する。これは〝天の声〟を聞くに等しい。特定人の、党派的な声を代弁するのではなく。

偉大になればなるほど、無私に近づき、人格が、空疎な器になる。しかるべき声を代弁するスピーカー・拡声器になる。声なき声を具現化・実現化するマシーンになる。

The greatest genius is the most indebted man.
最も偉大な天才は、最も多く他者のお陰を被った者である。

ラルフ・エマソン

多くの過去の人の教えを最も活かす人。最も古典から学ぶ人。そういう most indebted man が最も偉大な人。

過去・歴史から謙虚に学び、自分を無に近づける。西郷みたいだが、人の価値はこの辺にありそうだ。

人の嫌がることをなせ

もう8年くらい続けている、子供のための図書館通い。2週間に一回、地元の2つの図書館から、たぶん合計で50冊くらい借りてくる。2つのスーツケースを持っていって満杯に入れて帰る。

月に100冊。年間1200冊。8年で9600冊くらいか。もうすぐ1万冊だ。

その図書館で借りてきた、アフガンの医師・中村哲さんの伝記。子供用だけれど、大人にも十分読める。パラパラとめくって見ただけで、良い発見があった。私は中村さんの本はみんな読んだはずだが、こうしてそれでも新刊を読むと、発見がある。

中村さんは、アフガンに、1冊の本を持って行った。それは何か。

内村鑑三の『後世への最大遺物』。私がブログでうるさいほど紹介してきた「勇ましく高尚なる生涯」の元ネタの本だ。

この本の一節に、中村哲さんが影響を受けた。

「人の嫌がることをなせ。人の嫌がるところへ行け。」

カネとか評判とかの逆を行くことが、勇ましく高尚なる生涯だろうし、それが聖に近づいて、人格を完成する、唯一の道ではなかろうか。

狭き門より入れ。人の嫌がるところへ行け。

自分のために生きるな

原民喜という原爆詩人がいる。45歳くらいで自死。遠藤周作の友人だった。広島の爆心地近くで被爆したけれど、頑丈な生家のトイレに居たからこそ生き延びることができたという。

「自分のために生きるな、死んだ人たちの嘆きのためにだけ生きよ」という言葉を残した。周りの人たちがみな死に、自分だけが生き延びられたからこそ言える言葉。すべての人に当てはまる言葉ではないけれど、ズシンとくる。

私たちの生も、与えられた人生。「自分の代わりに死んだ」と思えるような人は、みなさんの周りにもいらっしゃるはず。

私も、23歳のときの交通事故で九死に一生を得た。僥倖として生き延びて以来、あの日に亡くなった人の分まで、二倍の濃い人生を歩もう、と思ってきた。

生かされていることに感謝して、与えられた生をもっと燃焼させよう。

笑って死ぬために

「中山さんのモチベーションはなんですか？　中山さんのモチベーションはどこから来るのですか？」と質問を受けることがあるけれど…。モチベーションという言葉には違和感を感じることがある。私は別になにか特別なモチベーションを持っているわけではない。少なくとも「これをモチベーションにするぞ！　と明確に決めているわけでもない。

「内発的動機」「外発的動機」という区別がある。内発的動機は、自発的に自分の心・肚から湧き上がるもの。外発的動機は、出世したい、お金稼ぎたい、給料上げたい、名誉がほしい、のような俗物的な動機。

私のボキャブラリーでは「モチベーション」という言葉は、後者の「外発的」動機に聞こえる。「モチベーション」というカタカナ表記された外来語は「内発的」なものを表現するのにふさわしくない。内発的なものを表すのは、日本古来のひらがな・漢字であるべきではと思っている。志とか信念とか使命感とか。

私は人後に落ちない下種な俗物野郎だが、それでも内発的動機は強いようだ。

「笑って死にたい」

そのために後悔したくない。後悔しないために毎日を懸命に生きる。何に懸命になるか。私の幸せは人を幸せにすること。人を幸せにするために懸命になる。どうやったらたくさん人を幸せにできるか。

同世代の人を幸せにするのではない。世間の人気は求めない、世間に媚びない。後世の人々をも幸せにする。知己を千載に求める。こういうロジックを組んでいる。

これはたぶん20代の前半から、30年近く、1ミリもぶれていない。私のすべての一挙手一投足は、この信念に基づく1ピースだ。

これは「モチベーション」とは言えない。なんと表現するのかは分からない。人生の軸なのか、志なのか…。

「生き様」はキライ

私は「生き様」という言葉は使わない。

「人に見せつける」ことを前提にするようなこの言葉は、品がないので使わないことにしている。

「生きる」ということは、糞も垂れ、屁もこき、転び、過ち、嘲られ、罵られ、それでもなんとかもがき苦しんで進んでいく、カッコ悪い営みだ。

それを「生き様」なんてカッコつけちゃあいけない。「死に様」はあっても「生き様」はない。

今、私は評判のよくない仕事をしているので、最近の私に「ドン引き」の方もいらっしゃるだろう。それは覚悟の上での仕事だ。なぜこの案件を引き受けたか。

「これを見過ごしては、笑って死ねない」からだ。

この案件に含まれている不条理を知ってしまった者の責任として。ゼニカネのためではない。特定宗教のためでもない。

いつも、笑って死ぬために。後悔しないために。こうやって、「死に方」から逆算して「生き方」を選んでいる。実際、「死生観」と言い、「生死観」とは言わない。人生は死から逆算すべきなのです。

動機善なり私心なし

私はいま、私の周りの何十人の弁護士が受けないような案件を引き受けている。でも、実は受任するときにあまり躊躇がなかった。

困っている人がいれば助ける。別にやましいことはないし、仮に批判されてもなんとかなるだろう、というのが最初の感覚だった。動機善なり、私心なし。

日頃から「批判するな、批判される者になれ」「迷ったら辛い道を行け」「知己を千載の下に俟つ」「勇ましく高尚なる生涯を」と考えてきたので、まあ信念に従って引き受けたまでのこと。

引き受けない人と、引き受けた私との違いは、たぶん、時間軸だと思う。〝現世でいいカッコしよう〟と私は思っていない。10年30年くらいの短いスパンで私は物事を考えていない。死んだ後に美しさ、精神の輝きを遺すこと。１０００年の時間軸で考える。そう自分に言い聞かせてきたので、あまり躊躇する理由がなかった。

自分の行動をあれこれ言い訳的に説明するのは好きではないし、人間が正当に理解されることは期待していないけれど、私の愛する者たちには、私の考えを書き遺しておきたい。

私の子供たちが、現世利益に拘泥する俗物に成り下がらず、もっと尊く気高いものに憧れる精神世界を持ってくれれば、親として本望だ。

信頼のマイレージ

「信頼のマイレージ」を貯めよう。

交通事故が得意な友人弁護士が言っていた。交通事故の裁判では裁判所に専門部があるので、もう毎日のように同じ裁判官、同じ書記官と一緒に仕事をする。だから、日頃からいい仕事をしていると、多少ミスをしても、特に書記官さんとかに、「○○先生、これはこういうことですよね」みたいに、フォローしてもらえる。これも「信頼のマイレージ」があるから。

私が、世間様から批判されるような案件を勇気を出して引き受けたのも、日頃培ってきた「信頼のマイレージ」に期待したから。批判されても大丈夫、という自信があった。

日頃から「信頼のマイレージ」を貯める。なお、家庭では「奥さんマイレージ」を貯めて、日頃から妻の機嫌を取っています。イザというときに徹夜や出張をしたりして家族に迷惑がかかっても許してもらえるように!

小川さゆりさんへのメッセージ

家庭連合信者の二世、小川さゆりさんが久しぶりにインタビューに応じていた。まだ親をディスって、他責している。たとえば、箸の持ち方や食べる時のマナーなど、生活の基本的なことも教えてもらえず…など。

これを読んだ親がどう思うだろう。小川さんも人の親。お子さんが、これを読んだらどう思うだろう。

小川さんが、こうやって親を罵ると、それを見た子供は、長じて親の小川さんを罵るようになる。小川さんのお子さんはまだ小さいが、あと数年も経てば、お子さんが「小川さんと親との関係が悪いこと」に気がつく。おじいちゃんおばあちゃんとの交流ができないことに気がつく。これが10年続いたらどうだろう。親が、その親（祖父母）を罵っている。10年も。それが、小川さんのお子さんの人格形成に影響してしまう。

親をディスる親は、子にディスられる。古今東西、ほぼ例外なくそうだった。

私の家庭でも、私の兄に、そういう危惧があった。だから兄は、兄の子供（私の甥）が３歳になった頃に、父と和解した。

小川さんのお子さんが、祖父母と交流できない。それを私は危惧する。

親に他責していられるのは20代だけだ。小川さゆりさんが、仮に40歳や50歳だったら２０２２年10月の、外国特派員協会での「私が正しいと思うなら、この団体を解散させてください」会見は、どう受け止められただろう。いい年したオバちゃん（失礼）が、何を言っているんだい。そう受け止められないだろうか。

そう考えると、令和4年のニッポンは「若い娘の涙にダマされた」ことにならないだろうか。「娘の涙にほだされた」令和ニッポン。あれから2年経って、小川さんの「ワタシが正しいと思うなら、この団体を解散させてください」発言の、是非が問われている。

人間は、成長とともに、他責せず、自責するようになる。小川さゆりさんも間違いなく、加齢とともに、自責するようになる。

小川さんの成長を心から祈念しています。

「美しさ」とは

美しさとは何だろう。それは、俗ではなく聖に近づくことではないか。自己保身や、お金や、利己や、形而下ではない。自己犠牲で、奉仕で、利他で、形而上。

少なく働いて、多く稼ぐのではない。多く働いて、少なく稼ぐ。

これが「聖」に近づくことであり、これが美しいということではなかろうか。

聖とは自己犠牲であり、俗とは自己肥大。

自己犠牲すればするほど、奉仕すればするほど、自己の欲望を抑えれば抑えるほど、聖に近づく。

これはキリスト教だけではない。ヒンズー教のガンディーもそうだった。真理に近づこうとして物欲、食欲、性欲…すべての欲を失くそうとした。

たとえば、彼は37歳くらいからセックスをしていない。妻とも。老齢になって、自分の性欲がなくなったことを試すために、若い女性と同衾《どうきん》した。ちょっとヘンタイ的だ。ガンディーは、欲望をなくそうとして、聖に近づいた。実際、世界からマハトマ（聖者）と崇められている。

聖とは欲望を抑えること。

「美しい」も同じだろう。欲望を抑えた者が、美しい。

ろうそくのように生きる

身を削って、周りを明るくする。

ろうそくにこんなメタファーが込められている。

キリスト教や仏教などでろうそくをよく使うのは、こういう自己犠牲と他者貢献の精神まで教えようとしているのか。少しでも頑張って、少しでも周りを明るくする。これが漱石の「則天去私」や新井奥邃《おうすい》の「有神無我」ということだろうし、伝教大師・最澄の言う「一燈照隅、万燈照国」ということだろう。

みんながこうやって、ちょっと頑張って、ちょっと明るくすれば、世の中は良くなる。

石火光中

私にはメンターと仰ぐ牧師がいる。アメリカ人弁護士でもある。彼に英語で聖書を教わった。年に数度はカフェする。

心優しい彼は、「お前の弁護士としての人生とか名声は全く心配していない、でもキミのEternityが心配だ」とよく言ってくれる。Eternityとは、死後の永遠の人生。スピリチュアルな話。こんなスピリチュアルな話ができるメンターを持つのも悪くない。

この世に存在するものはすべて儚《はかな》い。100年後には影も形もなくなっている。そういう現世の世俗的なものに価値観を置かない。

儒教で言う「千載」（千年後の世界）が、聖書で言うkingdom of heaven だろう。と、話をしたところ、その牧師曰く、

「キリスト教では千年がone day だよ」

だって。

…千年が一瞬。千年も須臾《しゅゆ》のはかない一瞬にすぎない。

白楽天の「対酒」という漢詩では「石火光中この身を寄す」と言う。

我々の人生は「石火光中」、つまり、火打ち石をぶつけたときの、一瞬ほとばしる火花にすぎない。

100年の人生も、火花、あだ花。

火花のような儚い人生だからこそ、やるべきことをやらねば。

偉くなるより正しく生きよ

「偉くなるより、正しく生きよ」。

これは、これまでも折りに触れて話し、書いてきたし、息子たちにも伝えてきた。

偉くなるとは、世俗的な価値観の中に生きること。

正しく生きるのは、世俗を超越した価値観の中に生きること。

聖と俗の違い、それは、聖に生きるのは「正しさ（または美しさ）」。俗に生きるのは「偉さ」。

キリスト教では「正しさ（美しさ）」はよくrighteousと使うが、日本語では「義」。

私の好きな次の言葉は、世俗に塗《まみ》れて心を乱されたくない時に使う。

白鶴高く翔びて群れを追わず

俗人と同じ土俵に立ったら、自分も俗人になってしまう。

怒る。不機嫌になる。ムキになる。感情的になる。

これらはすべて「群れを追って」いること。レベルの低い者に付き合って、自分が不機嫌になってしまってはいけない。

何かに不機嫌になっていること自体、その不機嫌の対象に自分の人生を支配され、同じ土俵に立ってしまっているということ。

言い換えれば、自分の人生を生きている者は、常に上機嫌である。自分の人生を支配されている者が、不機嫌になる。

だからニーチェも言った。

智慧の増大は不機嫌の減少によって正確に測定されうると。

いつも上機嫌でいましょう！　Rejoice always！（テサロニケ人への第一の手紙5章16節）

偉大な人ほど時間軸が長い

立派な人ほど、長い時間軸で考える。偉大な聖人は、千年かそれ以上の時間軸で考えている。

稲盛和夫さんが「人生は、死んでからの方が長い」と仰っている。稲盛さんの一番弟子で、ＪＡＬ再生を実務部隊として実行した大田嘉仁さんが、稲盛さんの言葉として紹介している。


人生は、死んでからの方が長い。人生は、死んでからが勝負。生きているうちに、恵まれたり、金儲けしたり、成功したりするのは、はかない営み。死んでから、どう評価されるか。

『明日からすぐ役立つ15の言葉』大田嘉仁・著　三笠書房

赤ちゃんは世間も人生も知らない。だから、「目の前のこと」しか考えない。最も、視野が狭く、視座も低く、時間軸も短い。

10歳以下の子供も、そう。目の前のこと。今日、明日、くらいしか考えない。来週こうだから…来月○○があるから…と考えている子供は少ない。「来月に試験があるから、ちゃんと我慢して、毎日、勉強してる」という殊勝な子供はほとんどいないはずだ。子供は近視眼的である。

学生だって、そうだ。10代の中高生が「40歳のときに、こういう人と結婚して、ここに住んで、こういうことを目指して、こういう仕事をしている」などと、解像度高くイメージできるわけはない。私が10代でイメージできたのは〝30歳になったころの自分がどんな仕事をして…〟くらいがせいぜいだった。

20代、30代、40代…と年を取るにつれ、時間軸が長くなる。

こう考えると、「時間軸の長さ」が成長の証と言えないだろうか。

大人になると時間軸が伸びてくる

特に30歳くらいになって、家庭や子供もできるようになると、10年、20年単位でモノを考えるようになる。子供が大学に入るまでの学費とか考えたり…。

40歳、50歳になって、さらに責任ある地位になると、世代を超えて、30年、50年単位で考える。前の世代、昔の時代はこうだったけど、今の時代は…などと。

60代、70代になると、さらに、100年単位で考えるようになるのだろうか。

このように「世代により、近視眼的→遠視眼的になる」と言えそうだ。もちろん、若くして歴史的な視点を持っている人はいる。頼山陽は13歳のときに「いずくんぞ千載青史に列せん」という漢詩を書いた。1000年の歴史に残ってやるぞ、という壮大なる志を立てた。13歳って中学1年生くらいだ。

かたや、60代、70代でも、その日暮らしの、自分の身の回りのことで精一杯、という人はたくさんいらっしゃるだろう。

いずれにせよ、「できるだけ長期的視点を持つことが成長だ」と信じて間違いなさそうだ。

人は天使になる?

人間の俗性や精神性を考えると、ちょうど人生の折り返し地点の45歳くらいが転機ではないか。45歳までは、rat race（激しい出世競争）に参加し、競争し、嫉妬し、世俗に染まり、出世を目指す。家族のためにも経済力を身に付けたり。

しかし、45歳くらいからは、精神的・形而上的なものを追い求める。rat race から降りる。バスから降りて、精神世界にも興味を持つ。

人間は、ピュアに生まれて、45歳までは世俗の汚濁・俗塵にまみれ、45歳くらいから、世俗の垢を拭い去り、ゆくゆくは、ピュアに戻って死んでいく。晴佐久《はれさく》昌英神父が、「人は、天使になるために生まれてくる」と、ルカによる福音書20章36節を参照聖句として仰るように…。

聖と俗、形而上と形而下のバランスが、45歳くらいで転機になりそうだ。もちろん人によりけりだが…。しかし平均すると、気合いと根性でなんとかなるのが45歳まで。45歳からは人生の下り坂。体力の下り坂だから、より精神的なものを追い求める人が多くなるのかもしれない。

成長とは感謝すること

成長とは、感謝すること。そう思う。

先日、ヒューマン・ギルドのアドラー心理学講義で、一緒に学んでいる70代の女性が「何に対しても感謝してます」と仰っていた。

何にでも感謝する！　聖書 Give thanks in all circumstances.（テサロニケ人への第一の手紙5章18節）を地で行く人がいらっしゃる。たぶん人間は、加齢とともに感謝するようになる。私だってそうだ。18歳のころが、たぶん一番イキがっていて、オレは野球も上手いんだ、勉強もできるんだと、人生で最も傲慢だった。

思い起こすだけで赤面の至り。穴があったら入りたいくらいの、恥ずかしい時期だ。あれから30数年。多少は謙虚になって、周りに感謝しまくっている。実際、寝る前、4人の家族にも、一人一人、感謝している。

妻よ、いつもありがとう。長男よ、今日もありがとう。次男よ、ありがとね。長女よ、どうもありがとう。こんなふうに。名前を呼んで。

毎晩、事務所を出るときも、スタッフの顔を見て「今日もありがとうございました」と言って、事務所を去ることにしている。

成長とは、感謝すること。

夫婦だってそうだ。男女は、何によって結ばれるか。

10代は粘膜で結ばれ、20代は愛情で結ばれ、30代は努力で結ばれ、40代は忍耐で結ばれ、50代は諦めで結ばれ、60代は感謝で結ばれ、70代は耄碌で結ばれる。

この70代は冗談のようなものだが、60代以降になると、どんな夫婦もある程度、感謝し合うようになる。私の両親もそうだ。昔は離婚するとか言っていたが、今はその気配もなく、一緒に旅行にも行っている。それなりの相互感謝の念があるようだ。

人は、成長とともに感謝するようになる。そうだとしたら、成長するためにも、いろいろ感謝しないといけない。

成長とは自責すること

経営者をやっていると、スタッフの教育に熱心になるあまり、どうしても他責的になってしまう。もっと感謝しないといかんなあと思いつつも…。

「成長とは感謝すること」と書いたが、さらに進めると「成長とは自責すること、他責しないこと」とだと考えるようになった。

親が悪い、学校が悪い、受験制度が悪い、学歴社会が悪い、環境が悪い、会社が悪い、上司が悪い、貧乏な家庭が悪い、できの悪い私に産んだ親が悪い、もっとキレイな／ハンサムな顔に産んでくれればよかったのに…。などと他責したことは、きっとだれにでもあるだろう。10代・20代の他責は、たぶんだれにでもある。

私にもそんな時代があった。司法試験で苦労している20代の時には、たしかに他責していた。

しかし、30代になって、他責している人は、どうだろう。

たとえば、30代後半になって、自分の能力のなさを、生育環境のせいにしている人。自分の収入の低さを、親のせいにしている人。自分が結婚できないことを、他人のせいにしている人。30代はまだシャレになる？

では、40代になって他責している人はどうだろう。たとえば、独身であることや出世できないことを、他責している人…ちょっとイタい。いわんや、50代60代70代をや。

たとえば80歳の爺さんが、死ぬ間際に、「オレの人生はヒドかった、アイツのせいだ、親のせいだ、環境のせいだ…」とボヤいたとしよう。勘弁してくれと思ってしまう。

こう書くと分かる。成長するということは、自責すること。他責しなくなること。

論語でも「君子はこれを己に求め、小人はこれを人に求む」と言う。

人間の価値は何で決まるか

「人間の価値は何で決まるか」

こんな問いを、私の経営する中山国際法律事務所の採用面接で問いかけることにしている。この価値観に正解はないが、回答する際の表情とかで、誠実さなどが分かる。

普段考えたことのない問いに、どう煩悶するか。そのプロセス、言葉の選び方に人間性が出る。

価値観は人それぞれだから、正解はないとしても、正解がない問いを考える。そんな思考プロセスも大事。言葉にしてみて、アレッと違和感を感じて、そうじゃないな、別の言葉にしようかな…。そうやって「適切に伝えようと思う」ことに、誠実さが表れる。

さて、人間の価値は何で決まるか。

さすがに、お金とか、地位と答える人はいない。よくあるのが「どれだけたくさんの人を幸せにしたか」という答えだ。私もそう言いたくなるけれど、言わない。

そう答えると「じゃあダウン症の方は価値が低いのか」となるから。約７００人に一人、必ず、ダウン症の方は生まれる。そこに、天の配剤というか神の意志というか、何らかの意味があると私は思っている。ダウン症のような障害を持って生まれる方が「天の失敗作」だとは思わない。

神が人類に、意図的に遣わした価値ある方々。

その「価値」は、障害者のご家族それぞれが、受け取って理解されている。そういう、障害者とそのご家族のことを思うと「人間の価値は、どれだけたくさんの人を幸せにしたか」という定量的な答えは、私には言えない。同様に「葬式に来た人の数」で人間の価値が決まるわけではない。

多数派に属していると知らず知らずのうちに傲慢になる。常に少数者、恵まれぬ者の存在に思いを致したい。

キャリアに傷をつけても

２０２２年の秋から、世間の風当たりが強い家庭連合の世界本部の代理人として、第三者・中立的な立場からサポートしてきた。最近は、ゆえあって、やや第三者・中立的な立場を犠牲にして、シンポジウムなどにも参加したりしている。ブログでも信者を応援するようなことを書いている。

なぜか。

キャリアに傷がついても、魂に傷をつけたくないから。

たしかに、家庭連合の仕事をすることで、私の「キャリア」には多少傷がついている。敬遠するクライアントもいらっしゃる。

しかし、ここでこの仕事をまっとうしないと、ここで逃げると、私の魂に傷がつく。私は笑って胸を張って死ねない。保身のために逃げるという選択肢は私にはない。

たとえキャリアに傷がつこうとも、魂に傷をつけたくない。この尊い仕事をすることで傷がつく「キャリア」なんて、くそくらえだ。

私はこうして誇り高く生きていく。

死に支度

伯母が亡くなった。上の世代が幕を引いてゆく。二つ上の世代の私の祖父や祖母ではなく、一つ上の世代。次は私たちの世代だ。

今年80歳の母は65歳のときから死に支度を始めた。健康そのものだが「いつ死んでも恥ずかしくないように（下の世代に迷惑を掛けないように）、身辺整理＝読まない蔵書の処分等を始めた」という。

65歳で死に支度か…　私も、あと15年すれば、死に支度をすべき年なのだろうか。ガンガン仕事している気もするが…。

武士はどんなに貧しくても、真っ白な褌を穿いていた。横死したとき、検死された際に、褌が汚れていたらみっともないから。たらちねの母の死支度はこれに似る。

息子の私は、これから一生懸命人生を生きようとしているのに、ちょうど30歳違う母親は、もう死に支度をしている。

私はいつから死に支度を始めようか。とりあえず多すぎる蔵書はもう少し整理しておいた方が、後に遺る家族のためだな…。

私の愛読書 ❼

花のある人、花になる人　草柳大蔵

草柳大蔵は、野球選手引退後の野村克也を育てた。野村克也がヤクルトで栗山英樹を育て、栗山監督が大谷翔平を育てた。だから草柳大蔵は、大谷翔平の師匠筋にあたる人。

その草柳大蔵が書いている。

「与えることのできる人間としての段階を一歩一歩登ってゆくと，やがて大きく与えられる位置に到達するように思うんです」。

私も、日々、周りに、いいものを与えて生きていきたい。

エピローグ

「いつでも死ねる」覚悟

ここまでお読みいただきありがとうございました。30歳から始めたブログに20年書き溜めたことから、皆様のお役に立てそうなコラムを集めて編集し、大幅に書き換えたのが本書です。私も、本書執筆にあたり、この20年の私の見解の変化を感じることができました。年とともに、年々、周りに感謝するようになっているし、自責するようになっているようです。大人としての自覚が芽生えているということでしょうか。

ただ、人生に対する根本的な「構え」「姿勢」は変わっていないことが、改めて確認できました。本書のタイトルでもある「いつでも死ねる」覚悟で生きるということです。50歳になって、その思いはより強くなっています。

たとえば、妻から不機嫌なLINEメッセージをもらうとします。かつてなら、感情的にネガティブな返信をしないとしても、仕返しのつもりで「既読スルー」くらいはしていたかもしれません。でも今は、私が今この瞬間ボックリ死んだら、妻はその既読スルーをずっと眺め続け、「ああ、この人との関係は既読スルーで終わった」と理解するわけです。それは私が望む妻との関係ではありません。

ですから、どんな人との関係でも、違和感を感じるメッセージをもらったときこそ、グッと堪えて痩せ我慢をして、あえてポジティブなメッセージを返すことにしています。それが私の「いつでも死ねる」工夫の一つです。小林秀雄も「士道とは痩せ我慢」と考えていました。

このように、「いつでも死ねる」覚悟をすることは、周りとの人間関係の向上に役立ちます。みなさまも、本書をきっかけに、「いつでも死ねる」覚悟で、痩せ我慢をしたりして、周りをハッピーにしてみてはいかがでしょうか。（完）

中山達樹 なかやま・たつき

1974年神奈川県生まれ。東京大学法学部を卒業後、シンガポール国立大学法学部大学院を卒業。

リー・クアンユー公共政策大学院、シンギュラリティ大学、カリフォルニア大サンディエゴ校のエグゼキュティブプログラム等を修了。2015年に中山国際法律事務所を開設、代表弁護士。2016年公認不正検査士、2022年経営倫理士、2023年スタイルクルーズ認定コーチ。

主著は『グローバル・ガバナンス・コンプライアンス』『インテグリティ―コンプライアンスを超える組織論』『実践・英語交渉術』『超速・最強！５つのライフハック（業務効率化術）』

笑って死ねる人・生・論

〝白スーツ〟国際弁護士の本気語り

2024年10月31日　第1刷発行
2025年 1月20日　第2刷発行

著者　中山達樹

発行　アートヴィレッジ
〒663-8002
西宮市一里山町5-8・502
Tel　: 050-3699-4954
Fax : 050-3737-4954
Mail : a.ochi @ pm.me

デザイン／イラスト　西垣秀樹